Filosofia
Sentimental

Frédéric Schiffter

Filosofia Sentimental
Ensaios de lucidez

Tradução
Nícia Adan Bonatti

Rio de Janeiro | 2012

Copyright © Flammarion, Paris, 2010

Título original: *Philosophie sentimentale*

Capa: Retina 78
Foto de capa: Lisa Kimberly/Getty Images

Editoração: FA Editoração Eletrônica

Texto revisado segundo o novo
Acordo Ortográfico da Língua Portuguesa

2012
Impresso no Brasil
Printed in Brazil

Cip-Brasil. Catalogação na fonte
Sindicato Nacional dos Editores de Livros. RJ

S358f   Schiffter, Frédéric
Filosofia sentimental: ensaios de lucidez/Frédéric
Schiffter; tradução Nícia Adan Bonatti. — Rio de Janeiro:
Difel, 2012
160p.: 21 cm

Tradução de: Philosophie sentimentale
ISBN 978-85-7432-121-9

1. Filosofia. 2. Filósofos — Psicologia. 3. Emoções
(Filosofia). I. Título.
                                                CDD: 100
12-0212.   CDU: 1

Todos os direitos reservados pela:
DIFEL — selo editorial da
EDITORA BERTRAND BRASIL LTDA.
Rua Argentina, 171 — 2º andar — São Cristóvão
20921-380 — Rio de Janeiro — RJ
Tel.: (0xx21) 2585-2070 — Fax: (0xx21) 2585-2087

Não é permitida a reprodução total ou parcial desta obra, por
quaisquer meios, sem a prévia autorização por escrito da Editora.

Atendimento e venda direta ao leitor:
mdireto@record.com.br ou (0xx21) 2585-2002

Sumário

Prefácio 7

1. Friedrich Nietzsche. 15
2. Fernando Pessoa 29
3. Marcel Proust 45
4. Arthur Schopenhauer 55
5. Eclesiastes 71
6. Michel de Montaigne 87
7. Chamfort 115
8. Sigmund Freud 123
9. Clément Rosset 137
10. José Ortega y Gasset 151

Prefácio

"A infelicidade é que, uma vez lúcida, a gente o fica cada vez mais: não há meio algum de burlar ou de recuar."

Cioran

Pierre Hadot distingue duas categorias de filósofos: os falsos e os verdadeiros. Ou melhor, os acadêmicos e os práticos. Os primeiros: professores e pesquisadores; os segundos: os mestres de vida. No fundamento dessa distinção, jaz a ideia segundo a qual a filosofia, como concebida pelos Antigos, consistia não em passar horas e horas com o nariz nos textos e a perorar na cátedra, mas em "transformar a si mesmo" graças a "exercícios espirituais". Assim como o atleta treina, tonifica e aumenta sua massa muscular, segue uma alimentação pobre em gordura e tem uma vida austera para enfrentar as competições, o filósofo forjaria para si uma alma em todas as atribulações da existência, por menos que se dedicasse, todo dia, a uma ginástica do espírito — tendo em seu programa a concentração sobre o presente, a visualização da totalidade do mundo, os exames de consciência, a triagem seletiva e refletida de seus desejos e a resistência fleumática às paixões hostis de seus semelhantes.

Da mesma forma como nada tenho a reprovar aos acadêmicos que se contentam em ensinar com competência aquilo que sabem, faço pontaria contra alguns deles que se reciclam no comércio de sabedorias — falseando para um público semicultivado, em busca de suplemento de alma, que eles detêm as receitas de uma vida feliz e bem-sucedida.

Sem voltar aos argumentos que desenvolvi em *Le Bluff éthique* [O blefe ético], lembrarei simplesmente que, se é certo que nosso corpo pode se esculpir e se fortificar por meio de uma constante atividade esportiva, nosso psiquismo, amálgama de dramas, de remorsos, de lamentações, de temores, de decepções etc., permanece o mesmo. Nenhuma ascese, nenhum trabalho nosso sobre nós mesmos, como dizem ainda os pregadores da vida boa, dará forma a essa pesada e inerte matéria-prima. Podemos nos instruir em tal ou tal campo, elevar nosso nível em matemática, aperfeiçoar nossa ortografia, ampliar nossos conhecimentos em física

Prefácio

quântica ou em línguas orientais. Puramente intelectuais, essas formações nada mais demandam senão a compreensão, a memória, a obstinação. Puramente psicológicos, os aprendizados da sabedoria deveriam repousar sobre a força conjunta da razão e da vontade. Ora, tal conjunção é uma ficção, uma invenção de filósofos. Uma piada. Uma escroqueria. Sem dúvida, a razão nos ordena parar com o tabaco ou o álcool. Resta uma vontade de ferro para que nos mantenhamos firmes em nosso decreto. Ora, a vontade nada pode contra a *neurose* que nos incita ao tabagismo e ao alcoolismo. Supondo que não fumássemos nem bebêssemos mais, isso se deveria unicamente à fobia de ficarmos doentes, e não à nossa "firme resolução", como diria Descartes, inspirada por nosso bom-senso — sem contar que nos sujeitaríamos sem tardar a outro vício. De partida, não nos governamos. Nenhuma meditação acompanhada da decisão de nos transformar transfigurará nosso caráter, essas rugas tomadas por nossa alma desde nosso nascimento e nela inscritas como profundas escaras. Assim como em nós mesmos, a vida nos petrifica e a idade nos ossifica. Quanto à felicidade, como a etimologia indica,* ela nos cai sobre a cabeça, bem como

---

* Em francês, *bonheur* (de *bon* e *heur*). O termo *heur* deriva foneticamente do latim *augurium*, "presságio", e toma o sentido positivo de "sorte", "ocasião feliz", designando um estado durável, e não uma simples impressão agradável efêmera (que seria o prazer). O antônimo desse conceito é *malheur*. (N.T.)

a infelicidade. Ela é factual. Nenhum mortal é uma providência para si mesmo. Estoicos, epicuristas, spinozistas e outros se mostram mais supersticiosos que o homem comum, o qual reprovam por fazer apelo aos deuses a fim de que estes lhe concedam a felicidade. Ao contrário do infortúnio, a felicidade não deixa vestígios, mas lembranças dos bons momentos que se repetem infinitamente na cantilena das lamentações. A sabedoria diz respeito à crença. Os exercícios espirituais de que fala Pierre Hadot fazem pensar em gesticulações mágicas. No fundamento dessas afetações, está o desejo de conjurar o medo invencível de morrer e de perder aqueles que amamos.

Frequentemente meus leitores me julgam não apenas sombrio, mas também *negativo*. Suspeitam que eu encontre um prazer vicioso em denegrir a vida — a qual, ouvindo-os, seria, apesar de tudo, bela e agradável. Um dia uma amiga me disse que eu lhe lembrava o marquês de Ximenez, evocado por Chamfort por meio do testemunho do senhor d'Autrep: "É um homem que gosta mais da chuva do que do bom tempo e que, ao ouvir cantar o rouxinol, diz: 'Ah! Que passarinho chato!'" É verdade que há em mim um descontentamento. Desde a infância, eu me mantenho à distância das pessoas de bom humor. Toda alegria transbordante e coletiva me injuria. Vejo com desdém os entusiastas, os voluntários, os motivados. Com certo temor também.

Prefácio

Os otimistas são excelentes para preencher as prisões e os cemitérios. Isso significaria que não gosto das pessoas que amam a vida? Fujo dos inconscientes que não querem ver que só desfrutam de uma existência condicional e que a morte é indiferente a seu amor pela vida.

Na universidade, meus professores me chamavam de diletante, estimando ser prejudicial para minha inteligência cultivar a preguiça. Eu me confessava culpado. Nunca tive amor, mas simplesmente gosto pela filosofia. Prestei-me a ela sem jamais me entregar. Raramente estudava com ardor os autores oficiais, porém me deleitava com pensadores "fora dos manuais", aqueles que rompiam com ideais e valores, que frequentemente eram classificados na rubrica "literatura" e a quem chamamos de "moralistas". Tendo aprendido bem cedo a pensar com seus livros, acredito, desde então, que filosofar não consiste em ensinar a viver ou a morrer, ainda menos a nos consolar de nossa finitude, mas a examinar a pertinência de noções tidas como evidentes, a desmistificar as futilidades grandiloquentes e vazias, a pôr um nariz vermelho nos ídolos. Entregando-me a esses exercícios de lucidez, não vivo melhor: eu me divirto um pouco.

A ideia sucinta, sob forma breve, agrada. Muita gente, na adolescência e mesmo mais tarde, é atraída pelas máximas, pelas sentenças, pelos pensamentos. Prova disso é o sucesso das coletâneas de citações. Compreende-se facilmente a razão. Num mesmo volume, acotovelam-se diversos autores mais ou menos célebres que, em regra geral, não foram lidos, mas que ali, com uma palavra, um paradoxo, uma observação, um traço de humor, um sarcasmo, uma alusão irônica tirada de suas respectivas obras, preenchem o espírito. Frequentemente o entusiasta constitui para o próprio uso, num caderno, uma antologia mais seletiva do que a original. Copiando um ou outro fragmento, tudo se passa como se buscasse participar não tanto do pensamento daquele autor, mas de seu talento de expressão. Seduzido, o "copista" reage muito mais como escritor do que como filósofo. Para o filósofo, dizia Jean-François Revel,* "uma ideia vale a pena ser lida porque ela é boa", enquanto para o escritor "uma ideia é boa porque vale a pena lê-la". Revanche da fórmula sobre o tratado.

Nem coletânea de citações nem tratado, a presente obra é um ensaio de reflexões, por vezes pessoais, por vezes "didáticas", inspiradas por dez aforismos emprestados de pensadores e escritores que me marcaram: o Eclesiastes, Montaigne, Chamfort, Schopenhauer, Nietzsche, Proust, Pessoa, Freud, Ortega y Gasset e Rosset. É claro que outros nomes mereceriam figurar entre estas páginas — e alguns deslizaram para dentro delas: Lucrécio, Maquiavel, Hobbes,

---

* Ver http://chezrevel.net. (N.T.)

Prefácio

Stendhal. Se preferi ater-me a essa dezena de autores foi porque há muito seus pensamentos me acompanham e me ocorre citá-los numa discussão ou num texto. Aqui, cada uma de suas frases me levou a meditar, derivar ou divagar em torno do lazer, da melancolia e do luto, do tédio e do prazer estético, da admiração pelos mestres, do caos, da vida social, da violência moral, da ilusão da sabedoria, do amor — temas próprios a um "voluptuoso inquieto", segundo a fórmula de Jean Salem.* Pode acontecer que, passando de uma citação a outra, o leitor não veja uma real mudança de capítulo. Isso não é surpreendente, dado que se trata de um decálogo sentimental.

---

* Professor de filosofia na Universidade de Paris I Panthéon-Sorbonne e diretor do Centro de História dos Sistemas de Pensamento Moderno. Um de seus temas principais é o pensamento do prazer. Ocupando-se de Epicuro e de Lucrécio, estudou os fundamentos da doutrina que era ensinada nos Jardins, dedicando-se, em especial, a restituir o sentido de uma ética que proclamou residir o soberano bem na voluptuosidade. Dessa forma, estudou o hedonismo bem menos sereno dos falsos epicuristas, que ele chama de voluptuosos inquietos, sobretudo aquele de um Maupassant. (N.T.)

1

"Aquele que não dispõe de dois terços do dia para si é um escravo."

Friedrich Nietzsche

Para mim há dois Nietzsche: o profeta do Super-Homem, do Eterno Retorno, da transvalorização dos valores e, antes desse período, por ocasião de sua amizade com Paul Rée, o examinador dos sentimentos morais, iniciado nos mestres franceses do aforismo e da máxima "que, como atiradores treinados", diz ele, "mergulham mais e mais nas sombras [...] da natureza humana". Muitos intérpretes de Nietzsche, focados no alcance ético e político do tema da vontade de potência, se esquecem da admiração do pensador por seus precursores, os "psicólogos", segundo seus termos, como Montaigne, La Rochefoucauld, Pascal, Chamfort, além, é claro, de Schopenhauer e de Paul Bourget. A partir de então, eles se dividem em "nietzschianos" e "antinietzschianos". Os primeiros veem nele um filósofo da subversão, um genealogista dos valores burgueses, que conviria salvar das garras de um campo reacionário, ou até mesmo fascista, sempre pronto a recrutá-lo como seu teórico. Os segundos o denunciam como um sofista decadente, um inimigo do progresso e do humanismo, um esteta da força.

Pouco me importa que Nietzsche seja um revolucionário, um antidemocrata cristão, o contrário de um intelectual de esquerda. O visionário me entedia, o moralista frequentemente me sensibiliza. Eis por que limito meu interesse a suas obras escritas entre 1877 e 1883, de *Humano, demasiado humano* — de onde provém a citação (§ 283) — à *Gaia ciência*, passando por *Aurora*, e negligencio aquelas que os especialistas chamam de "textos da maturidade": *Assim falou Zaratustra*, *Além do bem e do mal*, *Genealogia da moral*, *O anticristo*.

"Aquele que não dispõe de dois terços do dia para si é um escravo"... Ao enunciado dessa sentença, qualquer empregado opera na hora, *in petto*, uma subtração. Se, das vinte e quatro horas de um dia ele retira aquelas passadas a trabalhar, isto é, em regra geral e vendo as coisas do melhor prisma, oito horas, ei-lo assegurado: ele tem seus dois terços! Contudo, ele bem sabe que o cálculo não está correto; pois às horas de escritório, de fábrica, de loja se adicionam as horas de transporte — ir de sua casa até o local de trabalho já é trabalhar, e voltar de seu trabalho para casa ainda é trabalhar; uma vez em casa, à sua fadiga nervosa se enxerta o cuidado com as tarefas domésticas, não menos cansativas e ingratas. Tanto é que, se fizer a soma de todos os momentos que não lhe pertencem, só lhe resta como tempo próprio uma curtíssima noite de sono — repouso indispensável brutalmente interrompido pelo som de um despertador, ensurdecedor como a sirene que antigamente intimava os proletários a retomar a coleira.

Ao escrever essa frase, Nietzsche não pensa somente na besta de carga do século XIX — o operário, o menor, o diarista agrícola, entre outros —, como Zola, seu contemporâneo, retrata a miserável existência em seus romances, mas sim, precisa ele, no "homem de Estado", no "comerciante", no "funcionário", no "cientista". Por mais que sejam elevadas suas posições sociais, os banqueiros, os homens de negócios, os engenheiros, os dirigentes de uma nação ou de um império industrial só se dedicam a missões, a projetos, às empresas, aos canteiros de obras, aos planos. Em suma: a uma grande variedade de atividades em que lhes é preciso se submeter tanto às restrições de horários quanto às injunções do calendário; não desfrutam mais do que seus humildes trabalhadores, até menos, de um tempo pessoal. Nesse aspecto, em que pesem sua posição, sua fortuna e, é claro, seu poder, eles diferem dos senhores das sociedades aristocráticas que reinavam sobre uma população serva; sua vida oscilava da guerra à festa e jamais se aviltavam no labor, ainda que lucrativo e socialmente vantajoso. Se Nietzsche retoma aqui, por conta própria, o desprezo do nobre pelo burguês, o primeiro dedicando seu tempo aos prazeres — o *otium* — e o segundo deixando-o em benefício de seus negócios — o *negotium* —, é para apontar aquilo que, no negócio, é propriamente ignóbil: o esquecimento de si. Nossa época lhe dá razão. Quer da manhã à noite se tenha a cabeça cheia de obsessões sobre a bolsa e os olhos limitados pelas telas de computadores em que se animam as curvas de desempenhos financeiros; quer se vá de reuniões de negócios às conferências de direção ou de reuniões de gabinete ministerial às visitas de administrados, a infelicidade não é somente por não desfrutar de um tempo seu, mas, sobretudo, por não usar um tempo para si. O presidente, o ministro, o executivo, o corretor, entre outros, da mesma forma que o comerciante, o trabalhador braçal, o soldador, o contador, pertencem, cada um, a uma "espécie", para falar como Nietzsche, e, em virtude de sua atividade repetitiva e unívoca, são desprovidos de uma "individualidade bem-definida" — razão pela qual são intercambiáveis. Sua especificidade profissional domina inteiramente sua vida própria, e isso nunca aparece com tanta evidência como quando eles abrem a boca. Não que "falem o tempo inteiro de trabalho", como é comum se dizer; entretanto, é o trabalho que fala por meio deles, como uma musa sem inspiração, prolixa e inesgotável, incrustada em sua cabeça e em seu coração e que, como um ventríloquo polifônico, faz com que mantenham a mesma linguagem, recheada das mesmas fórmulas, do mesmo feitio, do mesmo léxico. Além disso, quanto mais a função que exercem em tempo integral é impessoal e exige deles uma disponibilidade que confina com o sacerdócio, mais se levam a sério, encontrando aí uma vocação ou até um sentido para a existência. O trabalho é sua vida. Em relação a isso, o exemplo mais notório é aquele do neovendedor do comércio, integrado à classe média, a quem, nos dias de hoje, por preocupação de modernismo, chamamos de "comerciário".* Poderíamos pensar que, excetuando-se a inovação no nome, a espécie dos "comerciários" não se distingue verdadeiramente da espécie

---

* Em francês, *commercial*, pessoa encarregada, numa empresa, de funções comerciais, em particular das relações com o cliente. Note-se que na França, ao contrário do que ocorre no Brasil, essa função exige uma formação técnica na área. (N.T.)

dos VRP,* os viajantes representantes dos quais ela deriva, e teríamos razão. Como era o caso para o VRP, o "comerciário" se submete aos patrões, eles próprios submetidos aos acionistas, que lhe ordenam dedicar seus dias à empresa com a finalidade de, quer ele se desloque, quer não, escoar a maior quantidade possível de mercadorias. Difere-se do VRP na consciência que tem de si. Salvo, sem dúvida, a satisfação de escapar às torpezas da produção em fábricas e participar da categoria dos "colarinhos-brancos", o VRP abstinha-se de qualquer fanfarronice sobre sua carreira e não fazia sacrifícios para a religião do mercantilismo. Condicionado, adestrado e formado para a venda, seja em escolas específicas, seja na prática, o "comerciário" não tem nem esse pudor nem essa modéstia. Eles lhe são até proibidos. Por mais humilhante que seja seu destino, que consiste em apagar a própria vida a fim de promover a existência gloriosa dos "produtos", ele mantém sobre seu emprego um discurso cujo entusiasmo forçado exalta um heroísmo sem convicção. "Nós, os da informática, somos os reis!", declara o triste e anódino Tisserand, "comerciário" itinerante que, em *Extensão do domínio da luta*, de Michel Houellebecq, faz eco com o narrador. Quando o ouvimos, na guerra do mercado, o "comerciário" defende uma causa com paixão, aquela de uma

---

* Em francês, *voyageur représentant placier*. (N.T.)

sociedade que chama de sua *boîte*.* Com sua *boîte*, então, ele se bate por um campo. Lança-se em "campanha", participa de "operações", "corre riscos", adota "estratégias", se apossa de um ou de outro "posicionamento", abre novas "frentes" etc. Mal acaba de ser "recrutado" numa "equipe" de "comerciários", ele imediatamente adota o mesmo comportamento. Como se vestisse um uniforme mental, não mais começa suas frases por "eu", mas por "nós", esse "nós" profissional com o qual acaba por conjugar todos os tempos de sua vida individual — daí o cataclismo que devasta sua alma no dia em que, ao receber uma carta de demissão, compreende tardiamente que jamais havia sido percebido como membro da equipe de ninguém, mas sim como um *efetivo* variável de pessoal.

Para completar o retrato nietzschiano do escravo, certamente seria preciso adicionar um toque sartriano e precisar que — para permanecermos em nosso exemplo — se um sujeito desempenha o papel do "comerciário" cotidianamente com tanta seriedade, mais de dois terços de seu tempo, é porque optaria em toda consciência, como o garçom do café de *O ser e o nada*, por uma existência inautêntica. Sabendo, diria Sartre, que ele não é aquilo que é, ou seja,

---

* Literalmente, "caixa". Por analogia, termo familiar e pejorativo para designar o local de trabalho. (N.T.)

um "comerciário", e que ele é aquilo que não é, ou seja, um homem cuja vida não se reduz a uma profissão, o "comerciário" se confinaria, então, *livremente*, numa conduta de *má-fé*. O "comerciário", dito de outra forma, seria também escravo, dado que encarnaria um modo de *servidão voluntária* não tanto a um comando institucional — mesmo que o "comerciário", em sua *boîte*, se mostre submisso —, mas a um repertório de comportamentos automáticos inerentes à sua função, e isso para fugir de sua singularidade. Assim, quando, para sublinhar o esquecimento de si do escravo em seu trabalho, Nietzsche fala de pertencimento a uma "espécie", Sartre evoca, por sua vez, uma coisificação de si em virtude da afiliação escolhida numa *série*.

Certamente nada parece mais imperioso para *um* "comerciário" do que vir a ser *o* "comerciário" em si e que um grande número de empregados compartilhe essa preocupação de identificação a um papel ideal — quaisquer que sejam, mais uma vez, o campo em que trabalhem e seu nível hierárquico. Sendo o hábito, conforme se diz, uma segunda natureza, de tanto mimetizar a prática e os gestos de uma linguagem designados como adequados à sua tarefa, tudo neles, da fisionomia aos modos, acaba por tomar a forma imaginada e desejada de seu modelo estereotipado de escravidão. Eis por que, se existe aí uma servidão, ela não é, como pensava Sartre, voluntária, porém, mais essencialmente, *desejada*. Doar seu tempo a uma empresa que dele disporá para si, segundo as necessidades ou as imprevisibilidades do mercado, e só destiná-lo a uma atividade profissional da qual dependerão todos os outros momentos da vida, revela um desgosto de si — que, aliás, pode traduzir-se numa autodestruição física, como pode ser comprovado presentemente pelos suicídios no trabalho. Onde um gerente de recursos humanos usa o termo "motivação" para designar o zelo cego com o qual os neoescravos se curvam de corpo e alma aos imperativos e aos mecanismos de um negócio ou outro, é preciso entender um violento querer-viver sem personalidade ou, se preferirmos, um querer-ser inexistente, como se esses humanos, tendo experimentado com dor sua emancipação da indiferenciação animal, não cessassem de se negar num trabalho impessoal. Nenhuma escolha deliberada, então, em sua orientação para uma vida de labor coletiva e anônima, e também nenhuma obediência a uma restrição, mas, simplesmente, a fobia *nativa* de se individualizar, acompanhada do apetite de se fundir num Todo — testemunha disso é o orgulho com que muitos portam ostensivamente a razão social de sua empresa como uma identidade. Tal necessidade de aderir a um papel de figuração social, inversamente ao que Sartre afirma, realça uma conduta de boa-fé. Nietzsche diria que ela atesta um "natural escravo".

Quando Nietzsche, em *Aurora* (§ 173), lembra repetidamente que o trabalho é a "melhor das polícias", dado que "mantém a todos na coleira e atravanca poderosamente o desenvolvimento da razão, dos desejos, do gosto da independência", suas palavras se aplicam maravilhosamente a outra forma moderna de espoliação do tempo individual e de sincronização das existências: os lazeres. Na qualidade de setor avançado da indústria, mas, sobretudo, do consumo, os lazeres, inscrevendo-se no prolongamento do trabalho dos escravos e ocupando um lugar cada vez mais importante em sua agenda, consomem, para dizer como Nietzsche, "uma extraordinária quantidade de força nervosa" e a subtraem "da reflexão, da meditação, dos devaneios", "põem constantemente sob os olhos finalidades mesquinhas e satisfações fáceis e banais" tão bem que, numa sociedade em que os neoescravos buscam se divertir a qualquer preço e em permanência, a barbárie sobrepõe-se à civilização ou, se preferirmos, a vulgaridade predomina sobre o gosto. Pois aquilo que os escravos contemporâneos chamam de *os* lazeres — todo esse tempo que sacrificam ao audiovisual, à comunicação informatizada, às práticas e às exibições esportivas, às reuniões festivas, aos espetáculos de cantores da moda, ao turismo, às reuniões de amigos, às conversas em rede etc. — se opõe, em todos os pontos, à maneira como os Antigos concebiam *o* lazer: enquanto aqueles buscam preencher seu desejo de impessoalidade nos programas de diversão para todos, os últimos desfrutavam de longos momentos de retiro e tranquilidade nos quais se redescobriam. "Você conhece ao menos um homem que atribui valor ao tempo, a um dia, que saiba que ele morre a cada dia?", pergunta Sêneca a Lucílio. "Eis o nosso erro: ver a morte diante de nós. Em grande parte, ela se encontra atrás de nós, e nossa vida passada lhe pertence." Vem daí a exortação do filósofo em favor do ócio como *retomada* do tempo perdido, perdido porque roubado, roubado porque deixado sem cuidado. Essa é a mesma recomendação de Plínio, o Jovem, dirigida ao amigo Minicius Fundanus: "Deixe, você também, assim que puder, a agitação barulhenta, a agitação no vazio, seu trabalho desinteressante e dedique-se ao repouso estudioso. Como diz o caro Atilius, com fineza e espírito: mais vale ser ocioso do que se agitar sem nada fazer!" A natureza mina pouco a pouco nossa vida breve. Por mais impotentes que sejamos para frear sua obra de destruição, nada nos obriga a nos associarmos a ela, deixando escapar certos momentos por "negligência", notadamente ao permitir a nossos contemporâneos pisotear nossa intimidade. Pois o negócio — e as obrigações sociais que a ele se ligam — não é a única forma de dilapidar nosso tempo. As relações humanas se mostram igualmente cronófagas e, desse modo, neurófagas. Quantas vezes dispensaríamos o contato dos desimportantes cujo discurso, abastecido por sua incultura, por seus preconceitos, por seus lugares-comuns, nos fazem envelhecer?

O tédio, com os falastrões, é que eles não têm nenhum talento para a conversação. É mais por fraqueza do que por civilidade que, muito frequentemente, suportamos sua presença — quer sejam, aliás, amigos, quer sejam próximos. Basta um almoço ou um jantar para que, mesmo que nos defendamos, eles nos marquem. O que dizer quando nos encontramos em multidão? "Por que sentimos remorso depois de ter deixado uma reunião cheia de gente comum?", pergunta-se Nietzsche, que afirma sofrer não de solidão, mas de multidão. "Porque", responde ele, "aceitamos descuidadamente coisas importantes, porque não fomos francos para falar de alguém, porque nos calamos quando seria preciso nos pronunciar, porque não reagimos e fugimos quando a ocasião se apresentou, em suma, porque lidamos com essas pessoas como se fôssemos uma delas." De fato, a escravidão supõe o instinto de manada, o gosto do lazer, a misantropia. Enquanto, tomado pelo demônio da comunicação, o escravo conecta seu espírito já saturado de pensamentos sem sujeito nem objeto a diversas fontes de barulho e de imagens e se compraz na companhia de seus semelhantes, o homem livre, que dispõe de seu tempo, ciumento do silêncio propício às suas divagações, evita tanto quanto possível qualquer conexão a aparelhos e se esquiva do relacionamento com os inoportunos. Enquanto, levados pelas ordens dos relógios, um se dedica às *mesmas* obrigações penosas e às *mesmas* distrações dos outros escravos, nas *mesmas* horas, o outro, curvando-se à lógica do ócio agradável, abandona-se a uma vida solitária em decalagem horária. É também nesse último ponto que reside a diferença entre o escravo e o homem livre: nisso que o primeiro, ao contrário do segundo, não pode nem quer *se alienar*. A noção de alienação, tal como os marxistas da Escola de Frankfurt e, na França, os filósofos contestadores Henri Lefebvre, Guy Debord, entre outros, a pensaram, isto é, numa acepção pejorativa, repousa sobre o postulado de Rousseau segundo o qual os humanos seriam, por essência, seres de liberdade que um sistema perverso, o capitalismo, desnaturaria. Cegueira ou denegação. Basta observar atentamente os humanos para se convencer de que, excetuando-se um pequeno número, eles não sofrem por se resignar ao trabalho e consumir, a despeito deles, lazeres que, juntos, alterariam sua "humanidade", mas que eles desfrutam mesmo disso. Pois, para eles, nada é mais humano — essencial — do que trabalhar e se distrair *como todo mundo* — no sentido estrito da expressão. Nisso, para a maior felicidade dos neoescravos, o capitalismo é a forma social que reprime a alienação satisfazendo seus desejos miméticos. Animados pela paixão do Mesmo, esses humanos reclamam e obtêm um mundo conforme ou adaptado às suas tendências gregárias, suscetível, talvez, cá ou lá, de reformas, mas que em nenhum caso eles se aplicariam a tornar outro — *alienare* em latim. Esse mundo, feito para eles, deve continuar sendo sua imagem. Eis o motivo pelo qual fazem pouco da arte em todos os campos, que alienaria favoravelmente sua sensibilidade e seu julgamento — se, é claro, algo improvável, eles lhe dedicassem o tempo necessário para nela penetrar, compreender e saborear a beleza. Os neoescravos não são nem leitores, nem musicomaníacos, nem estetas, e não porque, como o pretende uma filosofia cândida, seus patrões, que compartilham seus gostos, lhes confiscariam o acesso à cultura, mas porque os produtos de divertimento refletem fielmente sua humanidade. Os artistas lhes inspiram a maior desconfiança. Nada mais natural que, para humanos mumificados vivos em sua agenda, esses "seres de sobrecarga", como os chama Nietzsche, lhes apareçam como os pintores inquietantes do devir e do caos.

2

"Viver uma vida cultivada e sem paixão, suficientemente lenta para ficar sempre à beira do tédio, suficientemente meditada para jamais nele cair."

Fernando Pessoa

Ensino filosofia há trinta anos. Isso me pesa. Não posso escondê-lo. Assim, quando alguém me pergunta o motivo pelo qual escolhi essa profissão, não sei o que responder. Tudo depende de meu interlocutor. Entre eles, em todo caso, os professores não se colocam tal questão. Eles se dizem que um colega é só um colega e que todos compartilham o mesmo tipo de existência; pouco importam as motivações iniciais de uns ou de outros. Uma vez em ação, todos têm as mesmas preocupações com a agenda, com as turmas superlotadas, com a ascensão na carreira, com as transferências etc.; quando outros problemas surgem, eles os integram ou até os dissolvem no registro de suas preocupações habituais. No plano econômico, não há, por assim dizer, acontecimento mais ou menos infeliz ao qual seu estatuto não permita enfrentar. Tudo, para eles, desde o aparelho ortodôntico de um filho até a licença-saúde, passando pelos riscos de endividamento, está institucionalmente *assegurado*. Vem daí a impressão percebida do exterior e sentida do interior de que a vida, para um professor, se confunde com um estatuto medíocre, é claro, porém preservado, e que, aliás, não inspira ao interessado nem vergonha nem orgulho — isso explica por que ele não vê nenhum inconveniente em que a sociedade o desvalorize ao chamá-lo de *enseignant*.*

Certa psicologia pretende que um "ensinador" é um adulto imaturo, temeroso dos perigos sociais e que, para permanecer no abrigo da escola, passa para o outro lado da

---

* Equivalente a *ensinador*, aquele que ensina. Ao reagrupar a todos — *professeurs, instituteurs, maîtres d'école* etc. — sob uma denominação genérica, reduzindo-os a uma função, a de ensinar, e não reconhecendo a especificidade de cada um, sua qualificação e seu trabalho, promove-se uma desvalorização da profissão. (N.T.)

escrivaninha. Naquilo que me concerne, a hipótese se mostra pertinente: é porque ele garante uma situação estável, confortável e sem brilho que, muito cedo, o ensino se impôs a mim como emprego.

Ser educador é uma sinecura, pensa muita gente; sem dúvida, e por isso mesmo não é fácil se tornar um. Os concursos para o acesso ao corpo professoral foram, para mim, terríveis obstáculos a serem vencidos. Muitas vezes postergado, desde o exame escrito até a agregação,* à qual, aliás, acabei por renunciar, precisei prestar exame quatro vezes para obter o Certificado de Aptidão ao Professorado do Ensino Secundário (Capes). De fato, esse sucesso tão demorado a acontecer se dava em virtude da indecisão permanente de minha alma entre a negligência e a procrastinação. Negligência: em vez de estudar as obras que constavam do programa com uma preocupação de erudição, eu me punha a devorar filósofos periféricos ou romances. Durante uma época que durou até o fim de meu mestrado, eu lia quase que exclusivamente livros de autores americanos da "Série Negra", mais interessado no suspense das investigações dos detetives privados Sam Spade e Philip Marlowe do que na busca da verdade em Descartes ou em Malebranche. Minha

---

* Exame de admissão ao corpo docente da universidade a título de professor adjunto. (N.T.)

mania foi tão longe que, em vez de escrever minha dissertação, pus-me a redigir alguns capítulos de um romance policial no estilo *hard boiled* e ultraesquerda de Jean-Patrick Manchette. Procrastinação: quando uma tarefa — uma revisão, uma dissertação, um relatório, uma pesquisa — se apresentava à minha consciência como não podendo ser adiada, parecia exercer sobre mim uma insuportável pressão moral, que eu me apressava em envolver num irônico desdém, e me dedicava a outras futilidades mais urgentes. Para meus próximos, que se inquietavam com a pouca dedicação que eu mostrava em seguir meus estudos superiores, respondia que deixava o tempo e a sorte trabalharem por mim. Quando, bem raramente, eu me reprovava o exercício da indolência, logo invocava em minha defesa esta sábia observação de Baltasar Gracián, segundo a qual o homem que se apoia na muleta da Espera domina melhor a marcha dos acontecimentos do que o impaciente, que se arma com a clava de Hércules.

Se, de um lado, digo que minha profissão me é um fardo, de outro não desejaria trocá-la por nada no mundo — salvo, é claro, se, por um acaso pouco provável, meus direitos de autor ensaísta centuplicassem e eu pudesse pedir demissão. No âmago das relações de produção, para falar como Marx, o educador ocupa um lugar insignificante, porém não tão detestável se comparado ao dos pequenos gerentes da indústria e do negócio, certamente mais bem-remunerados, mas, como apontei, mais expostos aos abalos econômicos e, sobretudo, menos ricos em tempo livre. É sempre um motivo de escândalo e uma ferida de ressentimento, para muitos trabalhadores e gente de outras profissões, mesmo liberais, quando se lembram do quanto os *profs*, como são familiarmente chamados, além de sua segurança estatutária, desfrutam de belos períodos de férias. É impossível tirar-lhes a razão. Sem contar os pontos facultativos e outros feriados, calculei que, de fato, eu não ia ao liceu mais do que quatro meses por ano. Quanto a meu serviço semanal de curso, dado que jamais preparo uma aula, não ultrapassa dezoito horas, ou seja, *grosso modo*, a metade da duração legal do trabalho a que são submetidos outros assalariados — o que me deixa meios períodos de intervalo apreciáveis quando um deles se junta a um sábado e a um domingo. Eu teria, então, muita má vontade se lamentasse ter encontrado um ganha-pão nascido sob o signo das férias crônicas e conforme meu gosto do menor esforço. Que outra profissão com cara de lazer eu poderia exercer? A *skolê*, para os gregos, origem da palavra "escolaridade", designava o tempo dedicado ao estudo das artes liberais e do conhecimento das belas coisas. Eu me felicito que, nestes tempos de mercantilismo tecnocrático, que só demanda "comerciários" e tecnocratas, subsista esse vestígio da antiga *paideia*, essa formação dos espíritos juvenis em disciplinas supérfluas como a filosofia. A esse respeito costumo dizer, e não apenas por charme, que, defendendo os valores de uma civilização antiga no âmago de uma sociedade que se dedica a destruí-la, me sinto um agente duplo.

É porque vivo numa região tranquila e agradável que posso viver, como diz Pessoa, "uma vida cultivada e sem paixões", pois, se fosse professor numa grande cidade, meus dias não correriam lentamente, à beira do tédio, e eu não teria tempo de meditar. Nos anos 1970, numa época em que a contestação regionalista estava na moda e muitos movimentos reclamavam o direito de os autóctones trabalharem em sua província, suas cidades e seus vilarejos, um grupo libertário occitano havia reivindicado, por sua vez, a liberdade de *riém foutar al país*.* Nada fazer que tome muito tempo e ocupe o espírito, que seja cansativo, produtivo, rentável ou útil, no país basco, pátria de clima temperado dos aposentados afortunados e dos surfistas: foi esse exatamente o programa que fixei para mim e que respeitei. Depois de ter vivido os primeiros anos de minha vida na costa senegalesa, aportei com minha mãe em Biarritz, em meados dos anos 1960, depois que meu pai morreu. Minha Biarritz não é a Lisboa de Pessoa, mas desse lugar de turismo estival, limitado ao norte pelo palácio da princesa Eugénie

---

* Literalmente, "nada fazer nesta terra", inspirado no slogan occitano *Volem viure al país* ("queremos viver nesta terra", ou melhor, "em nossa terra"). A ideia do *rien foutre*, "nada fazer", tem origem na crítica da ideologia do trabalho assalariado. (N.T.)

e, ao sul, pelo castelo do capitão Nemo, aliás, o barão Albert de l'Espée, fiz minha capital e também o labirinto balizado de minhas perambulações. Sua atmosfera de estação balneária fantasma durante o inverno; seus velhos hotéis de luxo; suas modestas pensões; suas casas de pescadores com paredes marcadas pelo salitre; suas imponentes mansões dos anos 1930, construídas por milionários cosmopolitas; suas ruas e ruelas inclinadas; suas pistas em zigue-zague para pedestres, que serpenteiam ao longo das praias; seus rochedos e suas falésias atacadas pelas ondas; seus tamarindos, esburacados e torcidos pelo vento salgado, porém sempre em pé; seus longos bulevares de areia molhada, que parecem levar aos Pireneus na maré baixa; esta cidade, cujas tempestades ocupam as manchetes mais do que as intempéries geopolíticas do planeta, reunia para o órfão que eu era todas as condições propícias para cultivar meu *desassossego*.

Hoje já passei dos 50. A sombra de minha vida é longa. Meu pai não atingiu essa idade: quando morreu, tinha acabado de fazer 48 anos. Eu tinha 9. As pessoas ao meu redor pensavam que ele não era suficientemente velho para morrer e que eu era jovem demais para ficar órfão. A morte não tem esse tipo de preconceito. Além disso, será que teriam me considerado órfão se, por ocasião da morte de meu pai, eu tivesse 20 anos? A condição de órfão só é reservada às crianças. Na idade adulta, ela encontra seu fim. Considera-se, em torno de você, que o tempo deve ter diluído a dor e que doravante ela circula em suas veias em doses tão ínfimas que não age mais como um tóxico. Ser órfão aos 30, 40, 50 anos e pretender que não se sarou da tristeza? A coisa parece tão indecente quanto se você carregasse uma varicela pustulenta. A tristeza deve permanecer uma doença infantil.

Meu pai amava Biarritz. Em 1963, ele havia comprado, na avenida que domina a baía do lado dos bascos e de onde se enxerga Bidart, Guéthary e Hendaye, um apartamento numa bela construção de pedra, com teto de ardósia e recoberta de trepadeiras, chamada "Marthe-Marie". "Um apartamento térreo ideal para os verões", dizia ele. Mesmo que, finalmente, esse apartamento térreo se tenha tornado, para sua mulher e seu filho, um refúgio, para mim continuou a ser um grande dois quartos "com vista para o mar" das férias sem alegria de minha adolescência; e, para minha mãe, com quem deixei de morar a partir de meus 18 anos, a prisão de sua velhice e de sua decadência alcoólica.

A viúva e o órfão... Não somente minha existência e a de minha mãe se adaptavam estreitamente a um lugar-comum, mas se tornavam um caso clínico para a psicanálise. Comparando o trabalho do luto ao estado melancólico profundo, Freud estabeleceu que o luto é uma melancolia gerada pela perda de um ente querido, ao passo que a melancolia é um luto de seu próprio eu que se deixou de amar. O enlutado perdeu alguém, o melancólico perdeu a si mesmo — ao perder um ser que lhe permitiria ou lhe teria permitido se amar. "No luto, o mundo tornou-se pobre e vazio", diz Freud, "na melancolia, é o próprio eu [*moi*] que empobreceu e esvaziou." Enquanto o enlutado pode ultrapassar sua melancolia amando alguém ou elidindo outros objetos bastante dignos de interesse para compensar a ausência da pessoa morta e, assim, retomar seu lugar no mundo, o melancólico não se restabelece do luto de seu eu [*moi*] amável, jamais aflorado ou jamais desaparecido, e continua a esmaecer seu eu odioso — e, por vezes, deseja suprimi-lo, lenta ou brutalmente.

Se crermos em Freud, eu estava então enlutado, e minha mãe, melancólica. Exceto que, naquilo que me diz respeito, se tomei lugar no dito mundo graças a alguns apoios sentimentais e sociais, não pude me desfazer de um sentimento de estranheza em relação a meu pai após sua morte. Aqui também dou razão a Freud: uma criança que perde o pai cedo demais faz a experiência da morte de Deus. Ou o órfão buscará sem cessar um pai substituto e, comportando-se como um filho adotante e adotivo, cairá na idolatria de um chefe, de uma causa ou de uma fé, ou, inversamente, não ouvirá mais nenhuma palavra, por mais aureolada de autoridade que seja, como um Verbo. Qualquer religioso, filósofo ou ideólogo lhe fará o efeito de um mistificador, e ele receberá qualquer ideal de espiritualidade, de sabedoria individual ou de felicidade coletiva como uma piada. Tal foi e continua sendo meu caso, e mais grave ainda. Garoto e adolescente, eu sentia uma incapacidade psíquica de compreender a maneira pela qual meus semelhantes, tanto os de minha idade quanto os adultos, falavam do mundo e se aplicavam em se conformar àquilo que diziam. Caso evocassem a harmonia do cosmos e a marcha da humanidade para tempos melhores, "mais humanos", eu só sentia os terremotos ora surdos, ora violentos, de uma confusão universal. Surpreendia-me com a sinceridade por meio da qual relatavam suas alucinações. Certamente eu vivia na mesma realidade que eles e a percebia de forma muito intensa, seja na dor, seja no prazer. Todavia, tanto por suas palavras quanto por seus comportamentos, eles me pareciam evoluir numa outra realidade que não um caos. Eles aí viviam como se, precisamente, ela não fosse um caos, como se nada estivesse submetido ao acaso, ao tempo e à morte, quase como se tudo fosse óbvio, a começar por sua presença. Eu punha minha incompreensão de sua versão da vida e minha inadaptação a seu mundo na conta do trauma que me havia assolado. Esperava que, com o passar dos anos, eu acabasse por sarar de meu "acosmismo".

Entretanto, longe de atenuar meu sintoma, o tempo redobrou suas manifestações. Ocorre com a tristeza do luto o mesmo que com as pulsões recalcadas: recalcar não quer dizer extirpar de si. Quanto mais eu fugia para dissimular e para desempenhar a cada dia o papel que deve ser interpretado na comédia humana, mais ela fazia corpo com minha alma e acabou por transformar-se em tédio. Um tédio que não era nem a saciedade resultante do desfrute de algum bem ou situação desejados nem a vertigem da inação, mas um humor que me fez ver a manobra do "mundo", como uma mecânica insana e desarticulada de Tinguely*, e os feitos e gestos dos humanos como gesticulações de autômatos burlescos e aterrorizantes. Só as almas pelo acaso poupadas de uma experiência catastrófica dão crédito às elucubrações metafísicas e seguem as palavras de ordem morais. Se um humano não tiver sofrido uma tragédia pessoal, não poderá compreender que o absurdo é tanto a ausência quanto a perda do sentido, do qual é, como o mostra a loucura, a saturação totalitária. Dessa forma, as pessoas mais sensatas

---

* Jean Tinguely, escultor suíço morto em 1999. Trabalhava com materiais reciclados, fruto do desperdício da sociedade de consumo, para transformá-los em obras de arte. Precursor da arte cinética, dentro da tradição dadaísta, montava máquinas "loucas", satíricas, inúteis e absurdas, com movimentos descoordenados, numa crítica à sociedade industrial. (N.T.)

mergulham na loucura comum da crença no mundo. Mesmo que dispensem Deus, eles se imaginam como pertencendo a um Todo formado por dois círculos concêntricos de uma ordem natural e de um contexto humano submetido a um Progresso. De onde sua implicação febril e entusiasta em seu âmago, em que nada é preciso retomar o lugar, dado que nenhuma tristeza os terá desalojado, e no qual podem dar livre curso a seu ativismo existencial. Entretanto, será que notam cá e lá um déficit de valor, de ideal, de finalidade? Não há nenhuma falta desse gênero que, a seus olhos, não possa ser preenchida. É um caso de fé, dizem, e de boa vontade. Tal é o objetivo de sua "razão prática": pôr em obra um mundo. Eu, a quem o simples fato de respirar já leva à fadiga, fico aterrorizado com o dinamismo e a seriedade com que meus semelhantes perseveram na agitação, como se acreditassem participar de não sei que missão transcendente, estimulados por um desejo de atingir uma finalidade misteriosa. Pois se, fulgurante, a morte de meu pai me petrificou inicialmente num estado de estupefação e se pouco a pouco recuperei o uso de meu ser, nunca mais pude recuperar a mobilidade dos gestos e dos pensamentos da infância descuidada, graças à qual os humanos conservam um ímpeto vital. A partir desse acontecimento, desacelerei. A menor obrigação social me cansa antes mesmo que a ela me sacrifique, e me irrita se ela se eterniza. Mal me encontro em sociedade, e o vazio me faz falta. Nada me é mais insuportável do que a presença de homens e de mulheres transbordando de otimismo e dispostos a "avançar na vida" enquanto que, ao fim de sua trajetória, sua tumba já aberta os espera. Qualquer coisa se torna um pretexto para fugir deles e, para subtrair-me à efervescência geral, multiplico as pausas: pausa amor, pausa devaneio, pausa *siesta*, pausa sol e, no decorrer dessas pausas, mais pausas, em que tento atingir a total imobilidade. Tanto que, colocadas umas em seguida às outras, todas essas pausas acabam por conferir à minha vida um ar de *dolce vita* que nada tem a ver com a boa vida defendida pelos filósofos e poetas antigos.

Entretanto, quando desejo fingir companhia aos importunos se, por necessidade, me encontro entre eles, não conheço melhor técnica de absenteísmo metafísico que mergulhar num romance ou num ensaio que tenho o costume de carregar comigo para todo canto aonde vou. Em sala de aula, por exemplo, dou aos alunos um texto para comentar por escrito em meia hora e, durante esse tempo, termino um capítulo começado na hora precedente. Nas intermináveis reuniões de professores que me prendem no liceu, finjo estar absorto no estudo de um ou outro documento que me distribuíram e no qual escondo meu livro. Se fosse menos bem-criado, eu me evaporaria igualmente quando me enfado com os próximos. Mesmo que não abra o livro que tenho comigo, sua presença me conforta. Tenho ali, ao alcance da mão, um amigo pronto a me fazer atravessar a qualquer momento a linha de demarcação que separa a zona da vida sem espírito, ocupada pelas forças da besteira, da vulgaridade ou da banalidade, da zona livre em que o espírito circula do imaginário à inteligência. Não busco uma forma de exílio nos livros. Se pratico a leitura como a arte de me transportar mentalmente para outro lugar, não é com a finalidade de mudar de horizonte, mas, ao contrário, de me defrontar com meus símbolos mais íntimos. Pois, uma vez mais, é no espaço em que com a maior seriedade se convulsionam meus semelhantes que me sinto exilado. Certamente executo os mesmos gestos que eles, dirijo-me a eles em sua língua, mas isso me custa algum esforço, o mesmo que sentiria se estivesse perdido num país que não é o meu. A cada vez que fecho um livro me sinto como um fugitivo azarado, lançado como por maldição num lugar do qual é impossível sair — tal como o N? 6, encarnado por Patrick McGoohan na série televisiva *O prisioneiro.** De retorno aos indígenas do prosaico, devo

---

* Série britânica dos anos 1960, misto de espionagem, ficção científica, alegoria e drama psicológico, permeada pela contracultura daquela década e que influenciou profundamente não só outras produções mas a cultura popular em geral. (N.T.)

readaptar-me aos modos e aos idiomas dos quais tudo esqueci durante alguns minutos ou algumas horas, o tempo de uma excursão num outro mundo povoado de personagens ou de pensamentos. Regressando do livro ao real, percebo que os importunos que havia deixado se metamorfosearam, nesse meio-tempo, em bárbaros que nada sabem da vida de meus amigos Arturo Bandini, Bernardo Soares, Hank Chinaski e sabe-se lá quem mais, e também nada compreendem da questão da graça eficaz nos jansenistas, do absurdo em Giuseppe Renzi ou ainda do duplo em Clément Rosset. Quer eu tenha mais prazer em encontrar um herói de romance do que qualquer outra pessoa em carne e osso, mesmo aquelas mais simpáticas; quer eu mostre mais ardor num debate sobre um tema teológico, ontológico ou estético, e tédio ao escutar falar de esporte ou de problemas sindicais, tudo isso lhes parece como um tal sinal de marginalidade intelectual que, entre eles e mim, todas as condições de uma perfeita incomunicabilidade estão reunidas.

Quando, por vezes, penso que meu pai poderia voltar de forma imprevista, ele me reaparece como o vi pela última vez em Dakar: um quarentão alto, bem forte, de traços vigorosos, cabelos castanho-escuros penteados para trás. Pergunto-me que gênero de relações teria com ele. Como eu me comportaria diante desse homem mais jovem do que eu? De que falaríamos, ele vindo dos anos 1960 — morreu em 1966 — e eu, que fiz sem ele a viagem até nossos dias? Mesmo nos meses que se seguiram à sua morte, jamais desejei que esse milagre acontecesse — prova, dir-se-á, de que o "trabalho" do luto trilhava um bom caminho. É claro que a ideia me ocorreu assim que a escritura se tornou um meio de estabelecer com ele um diálogo oculto. Talvez seja verdade; porém, em parte somente. Pois nessa vida cultivada e sem paixão, à qual me dedico, passo mais tempo projetando do que escrevendo. A tristeza forma os diletantes.

3

"As ideias são sucedâneos das tristezas"

Marcel Proust

Só li Proust tardiamente — aos 25 anos. Os oito tomos de *Em busca do tempo perdido* intimidaram-me durante muito tempo. Não era a extensão da obra que me intimidava, mas o preconceito segundo o qual ler esse autor se deveria mais a um dever de cultura literária do que ao prazer de ler. Apesar disso, ao sair da universidade, decidi começar a ler *Em busca...* e chegar ao fim. O motivo que pôs termo à minha apreensão foi encontrar a passagem em que Proust escreve que "as ideias são sucedâneos das tristezas". Eu já havia escutado algumas vezes essa passagem, citada por autores de romances em programas de rádio ou televisão. Ela me chocou. Por sua brevidade, em primeiro lugar, que não correspondia à descrição que habitualmente se fazia da frase proustiana como longa e lenta para se fechar. Por seu poder sugestivo e persuasivo, sobretudo. Seu sentido era, para mim, evidente. Apesar disso, tomada ao pé da letra, ela mostra falta de clareza. Um "sucedâneo" é uma substância que substitui outra — assim como a sacarina faz as vezes do açúcar. Em que as ideias poderiam, em nós, substituir nossas tristezas — e edulcorar seu teor? Eu pressentia que Proust não queria dizer exatamente isso. Então, depois de semanas de incursão na obra *Em busca...*, encontrei, enfim, a página em que a frase aparece, a saber, na metade do último tomo, *O tempo recuperado*, em que Proust expõe sua concepção da criação, retirada de sua própria vida.

Bem sei que, em virtude do fato de Proust reprovar Sainte-Beuve por não distinguir, ao avaliar um escritor, entre o autor e sua obra, tornou-se habitual emprestar-lhe a ideia de que um livro em nada reflete o eu [*moi*] de seu autor. Isso é um total contrassenso. Porque, quando Proust escreve — em "O método de Sainte-Beuve" — que "um livro é o produto de outro *eu* que não aquele que manifestamos em nossos hábitos, na sociedade, em nossos vícios", recusa, assim, a liberdade que a crítica se permite de "julgar" uma obra a partir do modo de vida de seu autor ou, em suma, de misturar moral com estética. Se Chateaubriand, por exemplo, segundo os testemunhos de seus vizinhos, de seus amigos, de suas amantes, de sua correspondência, foi, para aqueles que o cercavam, um homem grosseiro ou um *gentleman*, um corajoso ou um covarde, isso nada acrescenta ao julgamento literário referente à sua obra, mesmo que autobiográfica, como as *Memórias de além-túmulo*.* Inversamente, as *Memórias* não nos permitem julgar o homem Chateaubriand, mas o Chateaubriand escrevendo sobre Chateaubriand: o escritor. A tarefa da crítica é mostrar de que maneira as *Memórias* se iluminam, do próprio interior — por sua composição, seu ritmo, seu tom, sua força encantatória; assim, ela iluminará o autor como *artista*. Se ela quiser oferecer uma consideração exterior da obra, o que é uma intenção legítima, informações "biográficas" sobre o autor não serão inúteis, decerto, mas com a condição de não negligenciar que o eu de Chateaubriand se altera quando ele relata acontecimentos de sua vida para oferecer ao leitor o relato de um eu transposto em outra vida, aquela das palavras — mais exatamente, de *suas* palavras — e que Proust, desde então, qualifica de mais *verdadeira*. Esse

---

* *Memórias de além-túmulo*. In Infopédia [Em linha]. Porto: Porto Editora, 2003-2011. [Consultado em 24/9/2011]. Disponível em: http://www.infopedia.pt/$memorias-de-alem-tumulo. (N.T.)

outro eu, ao qual o escritor confia sua caneta, apesar de ser mais íntimo do que seu eu social, nem por isso deixa de ser a seus olhos mais inapreensível — como se diz a respeito de alguém a quem se tem dificuldade em entender a personalidade. Além disso, diz Proust, "esse eu, se quisermos tentar compreendê-lo, será no fundo de nós mesmos, tentando recriá-lo em nós, que poderemos ter sucesso". Por conseguinte, não há obra sem introspecção. Lançar-se em busca do tempo perdido é tentar reconduzir à superfície da linguagem um eu próprio perdido de vista e que reaparece pouco a pouco a si mesmo graças à escritura. Não é preciso escrever, segundo Proust, a não ser para se reencontrar. É esse o motivo pelo qual, então, sem alterar sua narrativa, Proust retoma, no *Tempo recuperado*, as considerações feitas sobre sua arte romanesca, ilustradas por lembranças pessoais e romanceadas, perscrutadas com lente de sua memória simultaneamente emotiva e "teórica", e que, notei com satisfação, se opõem àquelas encontradas nos filósofos. Platão, por exemplo, vê no gênio poético o poder que um deus exerceria sobre a alma de um mortal para mergulhá-lo em transe e, como um ventríloquo, se expressar por sua boca. Kant vê nele um dom inato graças ao qual o artista levaria ao ápice as produções que a natureza não executa imediatamente. Quer liguem a arte ao sobrenatural, quer a liguem à natureza, os dois fazem dela um transporte. Acreditando-se neles, o artista efetua a obra na euforia, tomado por fluxos psíquicos que o ultrapassam e orientam seu saber-fazer — o entusiasmo, segundo Platão; a inspiração, segundo Kant. Nenhuma divindade e nenhum ímpeto criador animam Proust. Ele não experimenta a escritura como uma embriaguez, mas dedica-se a ela como a uma penosa taumaturgia liberadora ou mesmo uma terapêutica: transfigurar o sofrimento em verbo. No início de cada uma de suas linhas, está a tristeza, paixão tóxica contra a qual ele não tem nenhuma imunidade e que o esmaga, mas também, como se pode observar, como uma substância há muito presente num organismo e que se lhe torna necessária. A tristeza pode matar. No entanto, se a comoção que a causou não é mortal, ela então se dilui nas veias e se funde nas células, modificando pouco a pouco a percepção sensível e psicológica da realidade. Com o tempo, a tristeza se transforma em melancolia, essa consciência à distância de tudo, alérgica à vida laboriosa e agitada, mas resolutamente observadora. Os alemães chamam a melancolia de "doença do tempo", como se a passagem dos segundos, dos minutos, das horas, dos dias, das semanas, dos meses e dos anos destruísse os humanos como uma substância corrosiva invisível misturada ao ar que eles respiram. A escritura de Proust exibe os estigmas. Nela se leem os insucessos, os lutos, as separações, as decepções, as traições e mesmo os males psíquicos, experiências de devastações íntimas, sofridas no decorrer da vida como uma "punhalada na alma", e que ele se esforça em transcrever, deslocando na ficção de uma narrativa as circunstâncias de seu acontecimento e, também, todas as nuanças de dores que elas lhe infligiram e que persistem, de maneira surda. Se escrever significa expressar que viver é sofrer, o testemunho nada vale se, como acontece, se foi poupado pela vida. Para o escritor, diz Proust, e a observação se aplica a todo artista e ao filósofo, nada é mais fecundo do que a "felicidade". Ter boa saúde, um conforto burguês e dias tranquilos o dispõem ao "divertimento" das obrigações sociais, das mundanidades, das agitações de todo tipo em que se perdem seu coração e seu espírito, e, assim, empobrecem sua experiência dos seres e das coisas. Uma inteligência liberada e cultivada lhe permitirá conceber obras agradáveis, recreativas, na moda, mas tão pouco penetrantes que acabarão por enfadar tanto quanto os mais penosos trabalhos punitivos obrigatórios. "O mais perdido dos dias é aquele em que não se riu", diz Chamfort, máxima à qual Proust faz eco com esta outra: "Os anos felizes são os anos perdidos", razão pela qual o escritor "espera um sofrimento para escrever". Para se dedicar a um romance, "grandes tristezas" lhe são "úteis" por colocarem em marcha o pensamento e a imaginação, "máquinas admiráveis", mas frequentemente "inertes"; elas produzem um estado que, se não evoluir para um total abatimento em que toda percepção seria aniquilada, aguça sua percepção. Proust não fala do desgosto como uma fonte de inspiração, mas sim como a condição da representação estética, isto é, realista, da existência — de onde se percebe que, se Proust tem alguma afinidade com um filósofo, não seria, como muitos afirmaram, com Bergson, mas com Schopenhauer. Não há dúvida de que Bergson e Schopenhauer concordam com a ideia de que um artista, qualquer que seja seu campo de expressão, dá a ver em sua obra a realidade tal como é, em seus detalhes e em sua complexidade, não porque aparências enganadoras a esconderiam dos outros humanos, mas porque, preocupados com sua sobrevivência econômica, uma carreira para cuidar, uma fábrica ou uma loja para gerir e fazer prosperar, crianças para educar etc., ela permanece despercebida a seus olhares distraídos e superficiais. Ocupados em colaborar para o funcionamento do grande todo social, como formigas em seu formigueiro, eles descuidam de considerar o próprio destino individual um drama singular, mesclado a outros dramas também singulares, que transitam num cenário à imagem de suas paixões caóticas. Se precisassem evocar com precisão as motivações de tantas gesticulações e descrever com justeza aquilo que os cerca de modo mais familiar, como seus entes mais íntimos, só balbuciariam generalidades e mediocridades. Contudo, enquanto para Bergson a arte só existe porque a natureza produziria "acidentalmente" alguns humanos "afastados" da ação e dedicados à contemplação da realidade, para Schopenhauer a arte é uma atividade de inválido. O artista sofre de uma atrofia do querer-viver compensada por uma hipertrofia da consciência. Quanto menos vive, mais vê. Qualquer que seja o motivo de seu fraco poder de existir — doença congênita, grave ferida psíquica recebida na infância ou tormentos sucessivos sofridos no decorrer de sua vida —, um artista se sente desqualificado para participar diretamente da tragicomédia humana; entretanto, pelo mesmo motivo, está em bom lugar para assistir ao espetáculo e transcrevê-lo. Proust, a seu modo, não diz outra coisa. Num primeiro momento, as tristezas embaçam seus olhos de lágrimas; todavia, à medida que elas se calam, aumentam a acuidade do olhar e avivam nele o desejo de traduzi-las em palavras, isto é, em ideias. "As ideias são sucedâneos de tristezas" e, adiciona Proust, "no momento em que se transformam em ideias, perdem parte de sua ação nociva sobre nosso coração; mesmo no primeiro instante, a própria transformação libera subitamente a alegria." Proust não descreve então uma ideia como aquilo que substitui uma tristeza, mas como o resultado da evolução de uma sensação em representação, metamorfose em favor da qual nasce uma nova emoção: a alegria estética. Schopenhauer sublinha o quanto o apreciador de tragédias teatrais, instalado em sua poltrona, ao assistir ao infortúnio do herói sente, de repente, no ápice da catástrofe, uma "alegre revelação" — não que ele fique contente com o infortúnio de um mortal, mas sim com a representação desse infortúnio como a própria condição humana. Ele não é nem Édipo, nem Otelo, mas aquilo que Sófocles e Shakespeare mostram de seus personagens lhe aparece como uma perturbadora similaridade, ainda que virtual, de seu próprio eu. Nesse momento, nada daquilo que é humanamente trágico e patético lhe é estranho — experiência de verdade enfim eclodida, que ele vive com a mesma alegria de um cego ao recobrar o uso da visão. Sem dúvida, tal alegria é estéril, por não remediar em nada o revés de ter nascido; entretanto, ela satisfaz o desejo, mesmo que seja o menos difundido no mundo, de conhecer a essência da existência, insignificante e vulnerabilizante. Na certa, assim que os atores desaparecerem nos bastidores e que o teatro fechar suas portas, o apreciador de tragédias reencontrará a vida, seu cortejo de humilhações, de tormentos, de angústias e sua invencível força para se enganar, para se inventar grandes finalidades. Todavia, durante o tempo em que durar a peça, ele terá deixado de sofrer do querer-viver enquanto tal, para gozar da *ideia* do querer-viver e dos sofrimentos que ele inflige aos humanos. Durante duas ou três horas, Sófocles ou Shakespeare terão mudado esse sujeito, cego pelos seus afetos, em consciência desmistificada — prova, segundo Schopenhauer, de que a poesia dramatúrgica ultrapassa a filosofia em matéria de pedagogia da lucidez. É a mesma concepção que Proust compartilha sobre a literatura. Com a pequena diferença, é claro, de que a passagem do querer-viver, fonte de sofrimentos, para a representação do querer-viver, geradora de alegria, efetua-se primeiramente nele, por sua escritura. Comparando sua arte da descrição e da figuração à do pintor, Proust evoca, a respeito de sua imaginação, sua "oficina interior", na qual as palavras, assim como os lápis, os pincéis ou as tesouras, operam a transubstanciação das tristezas em ideias romanescas — em personagens, em caracteres, em intrigas, em paisagens etc. Graças a elas, associando-as, compõe uma novela verídica dos sentimentos, da qual ele tem o privilégio e o júbilo de ser o primeiro leitor. Isso não significa que escrever cura a tristeza — tanto é verdade que nenhuma infelicidade vacina contra outra —, mas atenua sua intensidade e retarda um pouco seus efeitos mortais. De fato, descobrir e revelar a verdade sobre o inferno que carregamos em nós não nos poupa de seus tormentos. Antes de retratar sua cabeça envolta num curativo, Van Gogh extirpou a orelha e, algum tempo depois, deu um tiro no peito. "As tristezas são servidores obscuros, detestados, contra os quais se luta, e caímos cada vez mais e mais sob seu império; são servidores impossíveis de serem substituídos e que, por vias subterrâneas, nos conduzem à verdade e à morte", diz Proust, que acaba por renunciar à sua noção de "sucedâneo". E por resumir a única felicidade à qual pode o escritor pretender: ouvir soar a hora da verdade antes da hora da morte.

4

"A história de uma vida é sempre a história de um sofrimento."

Arthur Schopenhauer

Meu pessimismo jamais foi uma concepção filosófica consistindo em afirmar que o mundo é mais regido pelo Mal do que pelo Bem, tampouco um traço de caráter que me faria ver tudo em negro, mas a ideia muito clara e, no fundo, banal, de que viver é sofrer no seio de um universo que não é um cosmos, mas um caos. Nesse aspecto, todo mundo é pessimista. Cada humano sente intimamente a inconsistência e o absurdo de sua existência, e sabe que ele é só uma mônada acósmica entregue à dissolução de qualquer coisa. Há, simplesmente, duas maneiras de viver com esse sentimento. Por um lado, há os inúmeros pessimistas infelizes, tão aterrorizados com a inexistência do mundo que se convertem ao otimismo da salvação e engolem os blefes éticos — todos esses discursos que lhes fazem entrever uma vida boa, de sucesso, autêntica, beata, reconciliada com a morte, a velhice, a dor e o fracasso. Por outro lado, há os poucos pessimistas felizes que, *volens nolens*,* acomodam-se com o pior e por vezes tomam o partido de rir dele — pois eles têm esse sentido da insignificância a que chamamos de humor. Naturalmente, quando filosofam, os pessimistas felizes se mostram decepcionantes aos olhos da multidão dos pessimistas infelizes, por não lhes oferecer nenhuma mensagem de consolo, nem nada significativo sobre a melhor maneira de viver. Eles agravam seu caso quando evocam aquilo de que pessoa alguma quer ouvir falar, a saber, o Nada de tudo. É o caso de Schopenhauer.

No fundamento de tudo o que advém, vive e se move no universo, Schopenhauer percebe a ação da Vontade (*Wille*) — ou seja, uma força implacável, inconsciente, cega. Um "impulso", um "esforço", uma "energia", um "arroubo", diz ele ainda. A Terra que gira em torno do próprio eixo e em

---
* Por bem ou por mal. (N.T.)

volta do Sol? Vontade. O fluxo e o refluxo do mar? Vontade. Um vulcão que cospe a lava em fusão? Vontade. Um grão plantado na terra que se torna uma árvore? Vontade. Um leão que persegue a presa? Vontade. Insetos, grandes ou pequenos, que fornicam e se reproduzem? Vontade. Uma lesma que desliza na lama? Vontade. Crianças que brincam, homens que se matam, uma mulher que amamenta o bebê? Vontade. Assim, do microcosmo ao macrocosmo, o Todo é só o conjunto infinito das manifestações dessa dinâmica produtiva imanente — de onde a comunidade de essência entre humanos e animais, mas também vegetais, minerais, planetas, estrelas etc.

No humano, e somente nele, a Vontade, encarnando-se num organismo sofisticado, produz o pensamento. A partir de então, por interpretação dessa faculdade cerebral, a Vontade transforma-se para si mesma em objeto de representação imaginária ou racional. Dito de outra forma, o mundo toma a forma fenomenal, dando lugar seja a especulações fantasistas — religiões, crenças, superstições —, seja a conhecimentos objetivos — física, química, biologia etc.

Todavia, mesmo que científicas, as representações não deixam de ser superficiais na medida em que, geradas pela Vontade, consistem não em se perceber em si mesmas, mas em projetar sobre seus "efeitos" categorias ou noções puramente intelectuais. Os fenômenos parecem responder a uma causalidade, a uma finalidade, a um devir? Tudo é só interpretação suscitada pelo "princípio de razão". Representação mental e pragmática da qual procedem todas as outras. Para o intelecto só há o fato de que tudo é causado na natureza — que tudo encontra nela sua razão de ser — e, então, que tudo obedece às suas causas, finalidades e motivos — ilusão ainda mais marcada quando se trata de representar o devir individual ou coletivo dos humanos. A Vontade inspira, a seu respeito, teorias deterministas, finalistas, lógicas e morais que só interpretam, sem conseguir explicar, e isso por uma razão evidente: afirmando-se sem um *porquê* nem *por quê*, ela produz e reproduz o mundo tal como ele é, por vezes com algumas variações, mas sempre sem necessidade, sem finalidade e sem o querer.

Totalmente movido por seus instintos, o animal não tem nenhuma representação da Vontade que o anima nem, portanto, do meio no qual ele vive e morre. O humano, em contrapartida, em quem a Vontade engendra o intelecto, não somente toma consciência de suas necessidades físicas e de suas tendências afetivas, mas também dos fenômenos do mundo. Assim que atinge essa dupla aptidão, ei-lo aqui, louco de "estupefação". "Salvo o humano, nenhum ser, na natureza, se espanta com a própria existência", lembra Schopenhauer. "Espantar" significa aqui não um efeito de feliz surpresa diante de um acontecimento pouco usual, mas, ao contrário, uma "estupefação dolorosa" diante de uma banalidade: o fato de viver e de morrer. Saber-se catapultado sem motivo e provisoriamente num universo eterno e insensato provoca, no pensamento humano, um raio (sentido primeiro da palavra "espanto")* que não cessa, em seguida, de assombrá-lo. Dado que o humano está munido de uma consciência, Schopenhauer o define simultaneamente como um "animal doente" e um "animal metafísico". "A obsessão da morte, a dor e as misérias da vida dão o mais forte impulso para a reflexão filosófica. Se nossa vida tivesse um sentido e se desenrolasse sem dor, nenhum de nós se perguntaria por que o mundo existe e por que ele é assim; tudo seria óbvio."

Desde nosso primeiro sopro e até o último, os males nos afligem sem cessar. Quando nos poupam, em breves momentos a que chamamos de "felicidade", nem por isso somos serenos. Sabemo-nos em *sursis*, ameaçados pelo pior (*pessimus*) e de modo algum a salvo. A todo momento corremos o risco de doenças graves, de destruições causadas por cataclismos naturais, de desgastes de uma crise econômica, de carnificinas de uma guerra, de pobreza e seu cortejo de humilhações; sobretudo, temermos a cada instante a presença

---

* Em francês, *étonnement* e *coup de tonnerre*. As palavras *étonner*, do latim popular *extonare*, e *tonnerre*, do latim *tonitrus*, compartilham a mesma raiz etimológica segundo Schiffter. A expressão *coup de tonnerre* indica a luz do raio e o barulho do trovão que a acompanha e, metaforicamente, significa "uma bomba", "um acontecimento brutal e imprevisto". (N.T.)

aniquiladora de nossos semelhantes, sempre prontos a dar livre curso seja à sua violência física, seja à sua crueldade oral. Eis por que o otimismo, fulmina Schopenhauer, "quando não é uma verborreia despida de sentido sustentada por muitas cabeças vazias, é uma opinião *ímpia*, uma odiosa piada diante das inefáveis dores da humanidade".

Afirmando-se nos organismos vivos, a Vontade obedece a um princípio de individuação. Se, nos animais, o instinto genérico se adianta sobre o instinto individual, nos humanos, inversamente, a consciência da individualidade oculta ou mesmo censura o sentimento de pertencimento a uma espécie — razão pela qual a compaixão, grande preocupação de Schopenhauer, permanece o apanágio de pouquíssimas pessoas. Cada ego se imagina encarnar um ponto único e central em torno do qual o universo deve girar — atitude que não deixa, é evidente, de atrair sobre ele a hostilidade dos outros egos. Tamanho egoísmo, de efeitos devastadores, surge desde a infância. Basta uma olhadinha na hora do recreio para dar todo o sentido à fórmula de Thomas Hobbes — filósofo a quem Schopenhauer nunca deixa de homenagear —, fórmula que evoca a violência natural dos humanos: *bellum omnium contra omnes*.* Tal espetáculo, de fato, tumultuoso e barulhento, assemelha-se a uma "guerra de todos contra todos",

---

* "A guerra de todos contra todos." (N.T.)

de tanto que as paixões pueris que aí se afrontam lembram o choque das armas e os clamores de ódio dos circos antigos, prefigurando o caos sangrento dos campos de batalha ou das cidades insurgidas. Para pintar com um só traço o egoísmo sanguinário dos humanos numa hipérbole para a qual ele tem o gosto e o talento, Schopenhauer escreve: "Bem mais do que um seria capaz de matar seus semelhantes e usar a gordura de seus cadáveres para engraxar as botas."

Para ilustrar a sociabilidade misantrópica dos humanos, Schopenhauer lança mão de outra parábola, célebre, do bando de porcos-espinhos: num dia de frio intenso, porcos-espinhos se comprimem uns contra os outros na esperança de se aquecer; contudo, mal se tocam e já se ferem nos espinhos de seus semelhantes, o que os faz retornar imediatamente ao frio glacial que, novamente, atravessando-os, os incita a se aglutinar entre si e, portanto, a ferir uns aos outros. Esse contínuo vai e vem entre dois sofrimentos — isolamento e promiscuidade — só é suspenso, diz Schopenhauer, quando os animais "encontram uma distância média que torna sua situação suportável". Essa distância, concernindo aos humanos, nada mais é do que o *direito*. Ainda aqui influenciado por Hobbes, Schopenhauer constata que o inferno que os egos se impingem mutuamente, assim que há proximidade entre eles, é atenuado quando eles instituem o Estado com suas regras, seus juízes, sua polícia, seus patíbulos. Sem abolir as condutas anárquicas e belicosas dos desejos humanos — nenhuma legislação freia a Vontade —, o Estado consegue estabelecer, pelo menos quando não regateia seus meios de coerção, uma ordem coletiva que permita a coexistência pacífica ou pacificada dos egoísmos. Numa sociedade coroada por um Estado forte, "cada um possui o bem de todos, dado que cada um sabe que seu bem próprio aí está contido". Nesse aspecto, o que chamamos de "moral" não se distingue daquilo que também chamamos de "justiça". Não a justiça como virtude, mas como restrição policial e judiciária, com seu arsenal de obrigações e de sanções. Aos olhos de Schopenhauer, um humano justo não é um humano bom ou sábio, mas um cidadão que teme o policial e que obedece direitinho à lei.

O público semiletrado, que ignora os livros maiores de Schopenhauer e busca somente seus opúsculos panfletários extraídos de *Parerga e Paralipomena*, tem dele a imagem pitoresca de um filósofo moroso e irascível. Quando eu era estudante, os universitários o viam com desprezo ou, quando condescendiam em evocar sua obra, condenavam-no por seu perigo ideológico. Lembro-me de um livro publicado em 1988 — por ocasião do bicentenário de seu nascimento —, em que doutos pesquisadores haviam adicionado seu talento e sua honestidade para alertar os leitores contra a má influência intelectual e moral que o mestre do pessimismo ainda poderia exercer sobre eles e os convidavam a esquecê-lo. Uma das pesquisadoras denunciava nele sua piedade pelos animais e seu ódio pelos judeus, e outro sua desmistificação da felicidade, e mais outro sua incompreensão do budismo.

Schopenhauer não é um filósofo para professores, mas sim um espírito fecundo para a literatura e para a arte. De toda a história da filosofia, ele é, sem dúvida, o único. Comecei a ler *O mundo como vontade e representação* quando compreendi o impacto que essa obra teve sobre os escritores, os pintores e os cineastas de meu panteão — Maupassant, Flaubert, Huysmans, Tolstói, Hardy, Kafka, Proust, Mann, Celine, Beckett, Bernhard, Ensor, Munch, Dix, Bacon, Bergman, Lewin, Peckinpah, Visconti, Antonioni, Allen. Os críticos, os comentários ou os estudos que lhe eram consagrados jamais deixavam de mostrar o "fundo" ou os "sotaques" schopenhauerianos de suas respectivas obras. É claro que seus romances, suas telas ou seus filmes não eram fiéis ilustrações estéticas da filosofia de Schopenhauer, mas faziam eco à sua tonalidade.

É, de fato, uma tonalidade, termo comum à pintura e à música, o que seduz em Schopenhauer. Mal abrimos *O mundo como vontade e representação* e já somos tomados por uma escritura alerta, a serviço de um pensamento potente e grave, que não hesita em nos mergulhar numa atmosfera na qual se ouvem, em certas páginas, o choro, o gemido, o ranger de dentes e o ruído formidável das mútuas mortandades dos humanos.

No prefácio de sua obra, Schopenhauer precisa que não desenvolve sua filosofia na forma de um sistema, mas de um organismo. Toda parte contém as outras. "Nenhuma é a primeira nem a última." Entretanto, se negligenciarmos uma, a totalidade do pensamento não será percebida nem compreendida. Por outro lado, ele diz, convém ler *O mundo* duas vezes. Num primeiro tempo, será seguida a ordem lógica dos capítulos e, assim, num segundo tempo, nada impedirá de abordá-los em qualquer que seja a entrada.

Quando retomo *O mundo*, vou para a terceira parte sem hesitação. Schopenhauer nela expõe sua concepção do prazer estético que faz contrapeso à teoria da beatitude de Spinoza. Para o autor da *Ética*, é pelo "conhecimento do terceiro gênero", por uma faculdade intuitiva que escapa da estática da imaginação, que a alma penetra e apreende os determinismos naturais, liberando-se, assim, de seus afetos. Para o autor de *O mundo*, é graças à contemplação catártica das obras de arte que a consciência se torna "sujeito puro de conhecimento". O sábio spinozista é um cientista; o sábio schopenhaueriano, um esteta.

Pondo o primado da Vontade em toda forma de existência, Schopenhauer afirma a predominância, nos humanos, dos apetites corporais, a começar pela sexualidade, e das tendências afetivas em seu intelecto. Somente a contemplação estética os libera de sua tirânica influência. Contudo, ela só concerne a um pequeno número. Pois "o homem comum, sublinha Schopenhauer, esse produto industrial que fabrica a natureza na cadência de muitos milhares de exemplares por dia, é incapaz dessa percepção desinteressada"; determinado por suas necessidades, que o conduzem a um utilitarismo da ação e da razão, "ele só pode deter sua atenção sobre a realidade na medida em que ela corresponda a seu querer-viver". Seguramente capaz de inteligência, de competência ou de desempenho em um ou outro campo indispensável à sociedade (ciências, técnicas, política, comércio etc.), o homem comum peca por sua cegueira intuitiva em relação àquilo que constitui o próprio substrato da existência em geral e da sua em particular e, *a fortiori*, por sua insensibilidade diante das obras de arte que expressam, revelam, expõem, a onipresença como onipotência da Vontade. Temendo os momentos de lazer que lhe dariam a vertiginosa sensação do tédio, ele busca novas excitações numa enormidade de atrações, divertimentos e jogos que confortam o convencionalismo de seus apetites e de seu espírito. Se a falta de gosto que o caracteriza não o afeta e o autoriza mesmo a declarar sem escrúpulos seu desprezo pelo belo, é porque ele é desprovido de qualquer gênio que supõe uma carência congênita ou acidental do querer-viver.

O homem comum, precisa Schopenhauer, é formado por dois terços de vontade e um terço de intelecto. Inversamente, o homem de gênio possui dois terços de intelecto e um terço de vontade. O gênio num humano se define, desde então, como um paradoxo patológico que gera uma força de hiper-representação da realidade — espécie de "quarto gênero de conhecimento" necessário ao artista, mas também, em menor medida, ao apreciador de arte. Expondo-nos a ordem e a conexão das coisas, a ciência nos mostra a Vontade pelo aspecto estreitado do princípio da razão. Nas obras-primas da pintura, da poesia, da literatura e do teatro — e, se ele o houvesse conhecido, Schopenhauer adicionaria o cinema —, a arte nos revela a Vontade em si, e com lente de aumento, sob a forma de Ideias objetivas e universais. O artista genial é como o fugitivo da caverna de Platão que, à luz crua de seu intelecto, sabe definir precisamente os objetos e os seres cujas sombras se refletem na maior confusão sobre a parede subterrânea. Ele não estabelece nenhuma relação causal entre os dois, mas revela traços gerais para erigi-los em arquétipos. Molière nos descreve todos os sovinas em *O avarento*; todos os homens que amam as mulheres em *Dom Juan*; todos os hipócritas em *Tartufo*. O fabuloso bestiário de La Fontaine nos lembra do quanto os modos permanecem inalterados apesar do tempo. Retratando a crueldade dos homens ou as depredações do tempo, Bosch, Goya, Schiele nos superexpõem à dor de existir em sua própria essência.

Em *Madame Bovary*, Flaubert desmonta os mecanismos mortais de nossas ilusões narcísicas; Kafka, em *O processo*, as rodas estatais que nos esmagam; Houellebecq, em *As partículas elementares*, os motores deprimentes de nosso prazer sexual. Na contemplação pictórica, na representação teatral, na leitura poética ou romanesca, acedemos a um conhecimento claro, distinto e cheio de *júbilo* de tudo o que a Vontade produz no universo e em nós mesmos. Nisso, toda grande obra responde exatamente à definição escolástica da verdade: uma adequação entre a consciência e a realidade. A experiência estética nos dispensa das sempiternas gesticulações a que nos destinam nossos desejos, nos livra da dor e do tédio que cadenciam nossa vida, nos protege, ao menos momentaneamente, da ilusão. Algumas obras do pensamento oferecem a ocasião de tal experiência, começando pela de Schopenhauer. Numa novela publicada em janeiro de 1883, num número de *Gil Blas*, intitulada *Auprès d'un mort* [Junto a um morto] — sendo o morto em questão o próprio Schopenhauer, velado por dois admiradores que se sobressaltam de terror quando, do cadáver, escapa a dentadura que dava a seu mestre seu sorriso sarcástico —, Maupassant fala do gênio do filósofo nestes termos: "Quer se proteste ou se aborreça, quer se indigne ou se exalte, Schopenhauer marcou a humanidade com o sinete de seu desdém e de seu desencantamento. Gozador desabusado, virou de ponta-cabeça as crenças, as esperanças, as poesias, as quimeras, destruiu as aspirações, aniquilou a confiança das almas, matou o amor, abateu o culto ideal da mulher, explodiu as ilusões dos corações, finalizou o mais gigantesco trabalho de ceticismo que jamais foi feito. Atravessou tudo com sua ironia e esvaziou tudo. E até hoje aqueles que o execram parecem portar, em seus espíritos, parcelas de seu pensamento."

Tal felicidade, suscitada pelo êxtase estético e alojada, como um breve parêntese, no pior, se intensifica quando ouvimos uma obra musical. A Vontade que, normalmente, só se percebe sob forma fenomenal e, na arte, sob forma inteligível, jamais se deixa ouvir, na acepção sensorial do termo, como potência sonora silenciosa. Ora, é o próprio silêncio da Vontade que a música dá a ouvir. Nisso, um grande compositor tem, antes de tudo, um ouvido apurado que, escutando a imperceptível música da Vontade, se faz dela o "intérprete" e, assim, conduz o ouvinte, liberado durante a escuta de qualquer relação prática com o mundo, a uma meditação sonambúlica sem conceitos nem raciocínios — "um exercício de metafísica inconsciente", diz Schopenhauer, "em favor do qual o espírito não sabe que está filosofando".

O leitor escrupuloso de Schopenhauer teria a tentação de interpretar as páginas de *O mundo* dedicadas à alegria da experiência estética no sentido de uma sensação concedida ao otimismo ou até a uma ética da salvação pelo belo. Isso seria confundir beatitude com absolvição. O próprio artista não se salva na contemplação da Vontade nem quando a traduz em suas obras, pois, precisa Schopenhauer, o tempo da criação não o poupa da dor, a não ser por poucos instantes bem curtos. O mesmo ocorre com os apreciadores da arte: a contemplação estética os alivia provisoriamente do mal de viver, mas nele recaem tão logo retornam aos seus afazeres.

O disparate mais idiota seria ver em Schopenhauer um apólogo do suicídio. Sem dúvida, como Sísifos condenados pela Vontade, dia após dia os humanos carregam para um pico ilusório a esmagadora carga de suas vidas. De fato, alguns, entre os infelizes, chegados ao ponto mais alto do desgosto e do desespero, querem pôr fim à própria vida. No entanto, a morte que desejam para si nada mais é do que um logro da Vontade: desejar morrer é ainda desejar. Sem condenar o suicídio, Schopenhauer lembra simplesmente que, suprimindo seu indivíduo, eles não matarão aquilo que os levou a viver. Impondo-se em seu gesto autodestrutivo, a Vontade lhes infligirá a última afronta de nem sequer serem os donos da própria morte.

5

"Não sejas justo demais, não pratiques
demais a sabedoria: por que te tornares
ridículo?"

Eclesiastes

"Antes de trazer, como em todas as manhãs, o desjejum para seu mestre, um prato de uvas e tâmaras, o velho Jacó abre as janelas do quarto. O sol, bem alto, ilumina as colinas ao longe. Uma ligeira brisa do norte manterá a transparência do ar durante algum tempo. Situada a meia légua de lá, Jerusalém, branca e ocre, parece muito próxima. Para proteger o terraço do calor, Jacó desenrola a espessa cobertura de tecido de cor clara até a balaustrada. A luminosidade se atenua. Em seu leito, o jovem mestre, acordado, apoiando a cabeça com as mãos cruzadas, desvia o olhar na direção da luz que entra. Ele acaba de passar a noite em claro. Mais uma. Na véspera, tinha ido ao cabaré do bairro *parthe*, onde bebeu vinho e ficou até as primeiras horas da manhã com uma bela prostituta negra. Voltando para casa, em vez de se deitar, instalou-se à mesa de seu quarto para retomar a redação de seu poema, ao qual só conseguiu ajuntar estas palavras:

... Quanto mais se é ponderado, mais se tem infelicidade, e quem aumenta seu saber adiciona ao seu sofrimento.
... Então eu me disse: 'Bem, trate de viver na alegria! Experimente o prazer!' Isso também era frivolidade.

"— Meu mestre não dormiu mais uma vez — disse o servo, depositando o prato de frutas sobre a mesa de cabeceira.

"Meu velho Jacó, eu dormirei quando o sol não me importunar com seu brilho.

"Meu mestre deve saber que Deus não aprecia os homens que se deitam quando Ele ilumina sua criação.

"Guarde para você essas bobagens de rabino, velho homem. Para muitos Deus deu o sol a fim de lhes permitir trabalhar e guerrear. Para poucos Ele reservou a lua com o intuito de que filosofem e gastem tempo com as beldades.

"Meu mestre se esquece de dizer que é nas trevas que agem também os demônios e os malfeitores.

"Você tem razão, amigo. Agora, deixe-me. Aproveite seu dia e trate de não fazer nada.

"Quando o servo sai, o jovem mestre se reacomoda no leito e saboreia algumas tâmaras. 'Desde quando perdi o sono?', pergunta-se. 'Desde que Deus me fez ver o dia.' Recorda-se, então, que, quando criança, contrariamente a seus irmãos e irmãs, que temiam a noite, ele sempre se sentia melhor com a chegada do crepúsculo, quando pouco a pouco o mundo desaparece a olhos vistos e quando a sombra amortece a agitação dos humanos. Na obscuridade quase total, aproveitando-se do sono de toda a família e dos domésticos, escapava da enorme casa e, acomodando-se sobre o teto do estábulo, bem agasalhado com uma capa de lã, contemplava o céu e a paisagem fracamente iluminada pela lua. Já naquela idade a criação lhe parecia um espetáculo inutilmente grandioso sob o sol, ao passo que, no escuro, ela tocava no essencial."

Por vezes, procurando algo numa gaveta de meu escritório, deparo com esse começo de uma versão romanceada do Eclesiastes que havia começado alguns anos atrás e que nunca terminei.

Na introdução que fez de sua tradução do Qohéleth, Jean Bottéro lembra que esse poema, talvez contemporâneo do *De natura rerum*, de Lucrécio, é falso. Seu autor utiliza palavras aramaicas; o rei Salomão, que reinou no século X, ignorava essa língua.

Segundo Amiel, toda paisagem é um estado de alma. Inversamente, toda alma dá a ver uma paisagem. Ora, o pseudo-Salomão ilumina o mundo com sua negritude. Não que tudo seja "escuro" sob o sol, mas tudo é futilidade nessa condição. Vã a criação cujos elementos, dos mais imensos aos menores possíveis, sofrem de uma existência irrisória; vãs a tentação e a tentativa dos humanos de dar um sentido a tal insignificância. É um empreendimento destinado ao fracasso. Se os rabinos compiladores dos textos bíblicos houveram por bem integrar o Eclesiastes ao *corpus* das Escrituras, é porque pode ser lido como o *lamento** do homem sem Deus, privado de qualquer providência junto à Falta. Essas gerações de humanos que se sucedem sem fim, esses dias que sempre deixam lugar às noites e essas noites aos dias, esses ventos que sopram em todas as direções se acalmam e depois retomam fôlego, esses rios que vão para o mar sem jamais completá-lo, tudo indica que, depois da Queda, o tempo só é uma eternidade desregulada, um falso devir impotente para engendrar o novo e destinado a mergulhar os humanos no estupor e na angústia. Ora, o falso

---

* Grafado assim no original. (N.T.)

Salomão não se encontra nem estuporado nem angustiado, mas somente penetrado pela dúvida e pelo tédio. É um espírito que cultivou muito as voluptuosidades da perplexidade para sorrir tanto das verdades religiosas quanto das certezas filosóficas. Se invoca Deus, ele o faz do mesmo modo que um autor grego ou romano em relação a Zeus ou a Júpiter, charme retórico que lhe permite designar a contingência de toda realidade, natural ou humana. E, se denega, com razão, o poder de conhecimento, é porque os humanos têm uma alma pouca coisa mais inteligente do que a dos animais — ínfima diferença que não lhes oferece nenhum privilégio quanto à sua destinação última, pois:

Todos viemos do pó,
E a ele retornaremos.

Há algo de ridículo nos humanos em querer tudo compreender e tudo explicar, ao passo que, entre o nascimento e a morte, sua existência oscilante entre paz e guerra, prosperidade e miséria, sucesso e fracasso, saúde e doença, amor e traição etc. é somente uma sequência de sensações, ora agradáveis, ora dolorosas, das quais só podem constatar o absurdo e a ele se resignar. De que serve inquirir a razão pela qual Deus inflige a prova do mal aos mais doces dos humanos e, ao mesmo tempo, concede suas graças aos crápulas, dado que, a qualquer momento, tudo pode mudar, e a justiça expulsar a injustiça — antes que, por sua vez, aquela seja novamente expulsa? Nada mais extenuante do que se dedicar a encontrar um *porquê* para os eventos que se produzem inelutavelmente sob o signo da alternância e da repetição ou, dito de outra forma, que escapam a qualquer finalidade — a qualquer *por quê*. Os humanos não cessam de se colocar essa questão, recusando-se a admitir que o exercício de seu pensamento será sempre a experiência da ruminação.

Na época em que descobri o Eclesiastes, ainda estava na universidade, onde acabara de terminar, não sem esforço, a leitura da *Ética* de Spinoza. O lirismo do agnóstico *blasé* expulsa de meu espírito o enfado que geram as demonstrações do geômetra do pensamento e da extensão. Mas guardei isso para mim. Entre meus colegas e, é claro, meus professores, eu não teria sido bem-visto se confessasse que os raciocínios que saturam a *Ética* me asfixiaram. Com essa obra dividida em cinco partes, começando pela potência de Deus e terminando pela liberdade do homem e seu acesso à beatitude, Spinoza passava, a seus olhos, por um pináculo de rigor intelectual. Escutando-os, a cada linha dessa obra-prima exprimia-se o próprio entendimento divino. Eu me deixava intimidar por tantos julgamentos laudatórios formulados por leitores mais sérios do que eu. Sobretudo porque, além de sua doutrina, a biografia de Spinoza forçava a simpatia. A excomunhão; a punhalada que recebeu logo após ter sido injuriado por um fanático; a partida de Amsterdã, o retrato solitário e ascético em Haia, onde recusou as honrarias oferecidas por homens poderosos; a indignação aberta por ocasião do massacre dos irmãos de Witt; a audaciosa crítica histórica das Escrituras; todos esses episódios coroavam a justo título o personagem com uma aura heroica e suscitavam em alguns estudantes dos anos 1970 um romantismo da dissidência. Foi então em segredo que tomei a *Ética* como um *étouffe-chrétien** impossível de ser deglutido, tanto no plano estilístico, quanto no filosófico.

O trecho que até hoje não me passa pela garganta é o último capítulo, dedicado à salvação dos homens. Ele parece-me contraditório com os quatro primeiros, que descrevem sua inconsistência e sua impotência em "reduzir e governar as paixões". Spinoza sugere um antifinalismo: na "natureza naturante" os fenômenos se produzem sem outra finalidade que aquela de se produzir. Não há nenhuma diferença entre uma causa dita final e uma causa eficiente. Se o sol difunde luz e calor, isso não significa que ele foi produzido para iluminar

---

* Alimento, em geral em forma de bolinhos, muito farinhento e espesso, difícil de deglutir, de onde o nome *engasga-cristão* ou *sufoca-cristão*. A palavra *cristão*, no caso, não se refere ao religioso, mas a uma metáfora para designar o ser humano. (N.T.)

e aquecer a Terra mesmo que, de fato, ele a ilumine e a aqueça. Todos os fenômenos só expressam a infinita potência da natureza que produz porque sua essência é de produzir. Tendo o hábito de conferir um fim às suas próprias produções, uma utilidade ou uma função, os humanos percebem a ordem e a conexão dos fenômenos naturais pelo prisma de sua imaginação, de suas emoções e de seus desejos, ora contentes, ora contrariados. Quando, então, imaginam que algo existe para tal ou tal outra finalidade, só fazem emprestar intenções à natureza. Sua alucinação se agrava quando concebem sua própria existência: imaginam que o fato de serem humanos não é um simples fato, mas que sua razão de ser obedece a outra razão, visão fantasmática que os engana a respeito de que a natureza teria a intenção, ao "criá-los", de reservar-lhes um "império em seu império". O antropomorfismo é um delírio. Na quarta parte da *Ética*, designando sob o termo genérico de "servidão" as "forças das paixões", Spinoza mostra que a vida dos homens nada mais é que uma "flutuação" de patologias incuráveis. Cada humano cujo desejo é, por natureza, limitado pelos desejos de seus semelhantes e pelas ações exercidas sobre ele por outros fenômenos exteriores suporta choques e ferimentos. Ele nada pode fazer: devido à sua própria natureza de "modo" submetido à ordem das relações que governa a infinidade dos outros modos, sente mais frequentemente as "paixões tristes" que as de alegria. Ora, se para cada humano, viver nada mais é do que perseverar na dor e na adversidade, por qual milagre ou exceção natural estaria em seu poder atingir a beatitude, como o pretende a quinta parte da *Ética*? Na realidade, a ideia da possibilidade da salvação tem a ver com um passe de prestidigitação conceitual em favor do qual Spinoza transforma o ser em dever-ser, consistindo o truque em introduzir sub-repticiamente um finalismo em sua antropologia: se a essência do humano é o desejo, se a felicidade é o acordo entre o desejo e a natureza, então a finalidade da existência humana é a felicidade. Basta mudar a ideia inadequada desse acordo (tal como os ignorantes a imaginam segundo seus afetos) por sua ideia adequada (tal como o sábio Spinoza a forja segundo sua razão). Os humanos que concebem a felicidade como a posse de bens vulgares e perecíveis — dinheiro, honrarias e prazeres — se expõem a graves decepções, pois outros mais poderosos do que eles podem subtrair-lhes tudo ou desfrutar de tudo antes deles e em maior quantidade. Além de ficarem à mercê de um penoso sentimento de privação, também serão devastados pelas mais tristes paixões, como a inveja, o ódio etc., que arruinarão o decorrer tranquilo de seus dias. De onde, para Spinoza, nisso próximo a Epicuro, a "prudência" de se limitar a apetites comedidos que lhes será fácil satisfazer e que suscitarão poucas rivalidades, mas que, por isso, não lhes trarão a felicidade suprema. Condição necessária, sua temperança permanecerá insuficiente. Eis por que o *mobile* verdadeiro do *conatus* só pode ser "o amor intelectual de Deus".

Essa ideia de "amor intelectual" me é tão obscura quanto o poderia ser a de uma razão rancorosa. Um spinozista objetaria que evacuo o objeto desse amor, a saber, Deus. E que exponho fórmulas equivalentes: por "amor intelectual de Deus", Spinoza entenderia não uma devoção a um Deus pessoal — isso eu havia compreendido —, mas a apreensão intuitiva e objetiva das essências da natureza, que teria como efeito desapaixonar nossa alma. Passando da tristeza da ignorância à alegria do saber, participaríamos da própria potência do entendimento divino ou, o que dá no mesmo, da racionalidade natural. Em suma, por amor intelectual de Deus, Spinoza designaria o embriagador domínio das ciências da natureza que nossa alma, a cada descoberta, saudaria com um alegre "Eureca!". Palavras muito grandiosas para enaltecer tão modesta satisfação. Que possamos, quando tristes, mudar as ideias ou experimentar uma atração ao nos entregarmos à matemática ou às pesquisas em física pontuadas por recreativos combates de aranhas, talvez; mas daí a diminuir e a dominar nossas paixões e ceder à beatitude...

Atribuído à história pessoal de Spinoza, o princípio "quanto mais um humano aumenta seu saber, mais ele diminui sua tristeza e aperfeiçoa seu ser" soa falso. Um humano pode muito bem aumentar seus conhecimentos num ou noutro campo e permanecer ignaro e desarmado diante das coisas da vida. Tudo o que aprenderá de essencial sobre elas virá da experiência da infelicidade, seja vivendo pessoalmente ou sendo a testemunha de uma delas — e isso não o salvará de nada. Em 1656, aos 24 anos, Spinoza foi atingido por um decreto de excomunhão e, desde então, passou a viver como um pária. Antes mesmo de ser vítima da brutalidade de seus correligionários, ainda criança, assistiu à flagelação infligida a Uriel da Costa, em castigo pelas suas opiniões heterodoxas sobre o Talmude. Humilhado, o herege dará um tiro na cabeça. Em seus escritos, Spinoza não toca nesses acontecimentos. Em seu *Tratado da autoridade política* adverte que, por cuidado de neutralidade científica, ele trata de "não ridicularizar as ações humanas, de não deplorá-las nem odiá-las, mas de compreendê-las". Seus comentaristas e admiradores veem nisso um traço manifesto de sua magnânima sabedoria. A amargura em estado bruto talvez não inspire boas teorias nem o melhor dos estilos — mas a razão, em Spinoza, também não. Em 1664, as *Máximas* de La Rochefoucauld surgem e circulam na Holanda. Antes de se dedicar a expor, nos livros III e IV da *Ética*, as "propriedades" de cada uma das paixões como se fossem "linhas, planos e sólidos", será que Spinoza examinou essa obra? Ele teria tido, se não prazer, ao menos vantagem em ler nela uma desmistificação das relações humanas, escrita com uma pena molhada na tinta ácida e refinada da melancolia. Comparando os sarcasmos do velho contestador com os raciocínios do filósofo, como não pensar na justeza da distinção pascalina entre espírito de fineza e espírito de geometria, o primeiro tão *adequado* para desmascarar os vícios sob o aparato das virtudes, e o segundo tão indispensável para obscurecer, sob a forma de um exterior metódico, a psicologia humana? "Nessa vestimenta exterior", observa Jean-François Revel a respeito do *more geometrico* da *Ética*, "só há a necessidade no jogo que consistiria em apresentar um tratado de gastronomia sob a forma de um código penal"; porque "se teme que tal obra não serviria nem para fazer uma boa cozinha, nem para fornecer uma boa justiça". Sobretudo porque, desejando permanecer no registro das definições, proposições, lemas, demonstrações, corolários e outras anotações para expor sua tipologia das paixões, Spinoza, sem querer, perde seu elogio do amor e confere uma legitimidade ética ao ressentimento. Crendo nele, as "paixões tristes" operariam em nós "a passagem de uma maior para uma menor perfeição" — fórmula pela qual talvez queira dizer que elas reduziriam, ao contrário da alegria, nossa vitalidade física e psíquica. "O ódio", diz ele, "é uma tristeza que acompanha a ideia de uma causa exterior"; quanto à inveja, "ela é o ódio na medida em que afeta um homem contristado pela felicidade de outrem", de tal forma que "o homem que imagina que o objeto de seu ódio é destruído, ficará contente". Tradução e dedução: se odiamos alguém porque nos causou danos ou porque deploramos não possuir as mesmas vantagens que ele, basta que obtenhamos reparação desse indivíduo ou que desfrutemos, por nossa vez, de tudo aquilo que nele invejamos, para que nos tornemos felizes e, assim, para que passemos de uma menor para uma maior perfeição — de onde o convite implícito para nos vingarmos e nos enriquecermos por todos os meios. O fato é que nem o ódio nem a inveja nos tornam passivos. O primeiro é desejo de destruição de outrem; a segunda, desejo de retomar dele aquilo que achamos que havia tomado de nós. Esses desejos exibem tamanho poder que submetem nossa inteligência para que sirva à sua ação. Evidentemente, Spinoza indica que a via do amor, essa "Alegria acompanhada da ideia exterior de sua causa", é preferível àquela da violência e da concupiscência para "extirpar" em nós a tristeza que nossos inimigos ou nossos rivais nos inspiram. Por menos que convivamos com estes últimos, na qualidade de amigos ou aliados, recomenda ele, ficariam alegres por nos ver benévolos em relação a eles e deixariam, por sua vez, de nos dedicar sua cólera. Belo princípio — apelo ao dever-ser —, que esquece a implacável interação mecânica das paixões. O ódio e a inveja suscitam o ódio e a inveja, e são necessariamente amplificados por essa reciprocidade. As paixões agressivas nos animam com uma energia mais viva que um amor arbitrariamente decretado para nos consolar da aflição em que nossos semelhantes nos mergulham — energia ativada pelo prazer que temos de estragar sua existência. Em alguns humanos, o ódio e a inveja adicionam seu poder de aniquilamento, gerando uma cólera eufórica que lhes faz perder de vista o motivo de sua vingança. Disso dá testemunho, por exemplo, a violência cheia de júbilo do *herem* (equivalente da excomunhão) que os devotos de Mahamad de Amsterdã pronunciaram contra Spinoza e, mais tarde, contra seu amigo Juan de Prado, imputando a esses dois homens os atos mais odiosos, sem jamais citar um só: o essencial era o deleite de seu aniquilamento.

"Um homem livre em nada pensa menos que na morte; e sua sabedoria não é uma meditação sobre a morte, mas sobre a vida."* Essa proposição me inspira o mesmo sentimento que tive na primeira leitura. Spinoza faz bravata. É um pouco lamentável que um filósofo pose de homem livre indiferente à morte, à sua ou à de seus próximos e que, para permanecer coerente com o sistema que inventa, chega a alegar uma suposta eternidade da alma. Com o conceito de desejo racional, Spinoza reabilita o quimérico poder da

---

* Proposição 67, Parte IV, Ética. (Gentil indicação da professora Marilena Chaui.)

razão e da vontade sobre as paixões; com a fé num amor intelectual de Deus, ele tenta retirar das religiões o monopólio de um ideal de espiritualidade e de salvação; com a denegação da morte, afasta o sentimento trágico da existência. Escrevendo da maneira mais séria do mundo que "o Ignorante, [...] tão logo deixa de sofrer, deixa também de ser", enquanto "o Sábio [...] jamais deixa de ser e tem o verdadeiro contentamento", oferece um asilo a mais à ilusão. Eis por que, quando cruzo com um spinozista, nunca deixo de lhe recomendar a meditação desta passagem do Eclesiastes:

O Sábio tem os olhos no lugar,
E o Insensato anda na escuridão!
Então me dei conta que um destino
idêntico espera pelos dois.
E disse a mim mesmo: "Um fim semelhante ao do louco me espera, então? Mas, então, de que me serve ter sido tão sábio?" E declarei em mim mesmo que isso também era futilidade. Tanto não resta mais lembrança do sábio, quanto do louco, para sempre: alguns dias passam, e eles já esqueceram um do outro.

6

"A finalidade de nossa trajetória é a morte."

Michel de Montaigne

Montaigne morreu em casa aos 59 anos, em 13 de setembro de 1592. Estava na hora. Havia anos que a saúde abandonara seus rins, e a alegria, seu coração. Ele sofria de cólicas renais, de crises de gota e de episódios de melancolia que, dia após dia, o tornavam inapto para os breves prazeres da existência. Até para o *déduit*, o jogo amoroso, que Marie de Gournay, sua jovem admiradora, poderia tê-lo feito experimentar.

No decorrer da vida, Montaigne foi testemunha direta de desastres humanos, como a repressão real que inundou as ruas de Bordeaux com o sangue dos burgueses revoltados, a loucura mortífera que se apossou dos protestantes e dos católicos e, por fim, as devastações da peste, a mesma que carregou seu amigo Étienne de La Boétie. Contudo, para ele, a mais soturna das devastações era imputável à velhice. Ele a considerava como o inimigo que não se desarma jamais, cujos ataques são discretos e cujas destruições só são visíveis *a posteriori*.

A vida é uma infecção. Uma contaminação do Nada pelo tempo. Uma vez contraída, salvo se acabar pelo suicídio ou por um acidente, ela persiste até esgotar o corpo e a alma. Aos 40 anos, Montaigne temia que, em seu caso, a decadência física precederia à do espírito. Chegaria o dia em que o próprio corpo lhe pareceria tão envelhecido que ele o observaria com distanciamento e vergonha — como costuma acontecer com um velho casal, em que o mais conservado dos dois companheiros assiste, ainda que involuntariamente, com um tantinho de repugnância, à irremediável decrepitude do outro. Seu temor não foi desapontado. "Tenho retratos de minha forma aos 25 anos e aos 35 anos", constatava ele pouco antes de morrer; "eu os comparo com os de agora: como não sou mais eu! Como minha imagem presente está mais distante daquelas que de minha morte!"

Excetuando-se algumas temporadas em estações termais que puderam aliviá-lo, Montaigne via a medicina como insignificante e os doutos que a professavam como funestos charlatães. Contra o mal da velhice, que ele definia como a morte "que se insinua natural e imperceptivelmente" nele, não via outro remédio, justamente, a não ser a própria morte. E, assim como os médicos não conseguiam frear o processo de demolição de seu corpo, os filósofos que lia também não conseguiam acalmar sua angústia de impotência. A única serenidade de que desfrutava de maneira intermitente lhe vinha do marasmo de seus órgãos. "Chamamos de sabedoria a dificuldade de nossos humores, o desgosto das coisas presentes." Contudo, ao mesmo tempo, a lembrança dos "gozos" para sempre perdidos o assombrava e o torturava. Dado que a vida lhe havia reservado mais desprazeres do que alegrias, ele tratava de se resignar com a perspectiva de um fim próximo. No passado, mesmo longe "da periferia da velhice", nem um dia se passava sem que já pensasse no último momento. Ao atingir os 50 anos, sua "premeditação" do "dia mestre" se tornava uma meditação de cada instante. Não pensava mais na morte em si mesma, mas "no morrer". Mesmo que gostasse de reler os textos antigos de relatos sobre a partida deliberada de grandes homens como Sócrates, Catão ou Petrônio, estes não o incitavam a pôr fim à própria vida. Não tinha coragem de fazê-lo, embora, de todas as mortes, a "mais voluntária" lhe parecesse a mais bela e a mais digna. Contudo, longe dele estava a ideia de fazer do suicídio um sacramento. Esta era uma "saída razoável" que ele deixava para os outros. Eis por que, naquilo que dizia respeito à sua morte, ele se abandonava à natureza, esperando que, à medida que ela lhe retirasse a vitalidade, também o fizesse desejar friamente a última passagem do "mal-estar ao não ser"; ou, que ainda mais benfazeja, ela o surpreendesse quando estivesse distraído no campo. Não era, então, a filosofia que o ensinava a morrer, mas a aproximação da morte que o ensinava a filosofar. Pífio consolo. Em vez de uma doce e breve passagem, a natureza lhe reservou uma agonia das mais degradantes. Atacado por um abscesso nas amígdalas, que atingiu as cordas vocais e culminou em septicemia, Montaigne viveu os três últimos dias de sua vida como uma interminável tortura. Sufocada em sua garganta, a dor só jorrava em estertores violentos. Seu corpo torturado pela febre se debatia diante dos olhos de uma família, de uma vizinhança e de uma criadagem apressada em ver a cortina se fechar diante desse espetáculo tão pouco atraente. Como se houvesse pressentido o que o esperava, Montaigne escreveu um dia que lhe seria preferível morrer só ou longe de casa, ou ao menos não ficar cercado por carpideiras, por falsos lamentadores e por curiosos. O melhor seria desfrutar da presença de um amigo verdadeiro pois, dizia ele, "se precisamos de parteiras para nos pôr no mundo, precisamos de um homem ainda mais sábio para dele nos fazer sair". Contudo, ele sabia que, para todo mortal, o episódio final da vida, haja ou não um público, "é o ato de um só personagem".

Os filósofos existiram? Lendo as obras de alguns deles, eu duvido. Para atestar, por exemplo, a existência de Platão, de Spinoza ou de Kant, nem *A república*, nem a *Ética*, nem a *Crítica da razão pura* podem, no exato sentido da expressão, servir de provas. Se não ignoro que esses homens foram os respectivos autores desses três textos maiores da filosofia, não é no âmago de suas páginas que o percebo, mas pelo viés de diversos testemunhos humanos e documentários, analisados, verificados e em seguida organizados por historiadores. O que me dá a vaga segurança de que esses filósofos existiram e que, durante o tempo de sua existência, se deram a liberdade de compor uma obra, é a magra informação biográfica inserida no fim do volume. Descubro, então, que nasceram em tal época, escreveram tais e tais livros e depois morreram, entrando, assim, na história, mas, finalmente, sem histórias. Em suma, se acabo por admitir que eles existiram, eu me pergunto se viveram.

Quando Ludwig Wittgenstein fez chegar às mãos do editor o manuscrito de seu *Tractatus logico-philosophicus*, dirigiu a ele uma carta informando que o texto que iria ler era só uma janela superficial de sua filosofia e que o essencial estaria em outro livro, ainda não escrito, em que se trataria não da vida, mas de sua vida. Pois a vida, segundo Wittgenstein, sendo tudo o que acontece com um humano, constitui, por isso mesmo, para esse dado humano, o único tema filosófico digno deste nome — sob a condição, entretanto, que as palavras que dão conta disso sejam adequadas. José Ortega y Gasset, na mesma época, nada diz de diferente com sua definição da metafísica: "A vida é aquela de cada um. Tanto é verdade que, se quisermos filosofar seriamente sobre a vida, isso deve ser feito com a condição de fazê-lo do interior, a partir de um dentro singular, com a condição de falar de si mesmo." Wittgenstein e Ortega enfatizam a dupla questão que merece ser colocada quando nos interessamos pela filosofia: que lugar a vida do filósofo ocupa em sua obra e que lugar a obra do filósofo ocupa em sua vida?

Quando eu estudava filosofia na universidade, foi acidentalmente que soube que Platão não estava presente no dia em que Sócrates, em sua cela e na presença de seus amigos, bebeu cicuta; que Spinoza tinha a mania de organizar combates entre aranhas; e que Kant detestava jantar sozinho. Gostaria de ter sabido tais particularidades pela própria escrita de cada um desses três filósofos. Todavia, entre eles, assim como entre os universitários que os sucederam, abunda o preconceito segundo o qual essas pequenas histórias não podem ter lugar na história da filosofia. Para muitos filósofos, aliás famintos de mitos, uma particularidade não tocaria no essencial de uma obra e só se divulgaria com a finalidade de satisfazer a curiosidade indiscreta das pessoas. Pois, dizem eles, não se deve confundir a curiosidade do zelador, que diz respeito ao voyeurismo, e a curiosidade do sábio, que obedece a um nobre interesse intelectual. Então, o que são a vida e a obra de um filósofo senão um entrelaçamento de fatos particulares? Que diferença real distingue a curiosidade do sábio da do zelador? Em todo caso, para mim, essas duas curiosidades são uma só, e fico inclinado a afirmar que o primeiro olhar que o aprendiz de filósofo deve poder ter sobre um autor é a do doméstico que, entrando de manhã no quarto de seu mestre, o vê em roupas de baixo. E se Platão estivesse ausente no dia da morte de Sócrates porque este o desprezava? E se Spinoza se entregasse aos seus jogos de entomologista perverso para se distrair de seus raciocínios *more geometrico*? E se Kant mandasse o criado procurar um conviva para passar a noitada em prazeres *interessados* com um homem em vez de fazê-lo com um "Eu penso"? Uma obra puramente teórica não pode oferecer uma filosofia *viva*. Para que ela o seja, é preciso conhecer, pelo dizer do próprio autor, a "circunstância vital", segundo a expressão de Ortega, que a gerou e onde ela se desenvolveu. Quanto mais colecionarmos as histórias que dizem respeito a um filósofo, melhor veremos o homem. Eis por que, mais uma vez, jovem estudante de filosofia, eu lamentava não poder abordar ou perfazer meu conhecimento das obras por meio dos retratos mais detalhados de seus autores, ou melhor, por autorretratos esboçados em forma de memórias, de diários ou de confissões. Eis por que fiquei feliz em poder ler, concernindo ao período antigo, a obra de Diógenes Laércio, *Vidas, doutrinas e sentenças dos filósofos célebres*, tão preciosa para penetrar no mundo das ideias por meio da histórica existência dos filósofos.

Aprecio saber que o livro de cabeceira de Montaigne foi precisamente esse compêndio de Diógenes Laércio. "Porque", escrevia ele, "não considero menos curiosamente a fortuna e a vida desses grandes preceptores do mundo que a diversidade de seus dogmas e fantasias." Para Montaigne, desdenhoso de deferências e reverências, se um filósofo lhe insinuasse uma grandiosa visão do mundo, ele não se furtava a classificá-lo como um espírito estreito. Montaigne amava as ideias, é claro, mas sobretudo a voz que as trazia até ele, para lhe adivinhar o timbre e o tom. Se um livro de filosofia o deixava perplexo, podia muito bem dizer de seu autor, de quem descobria a personalidade, o que Dirk Bogarde, em *O cavaleiro negro*, diz da mensagem de Jesus trazida pelo Evangelho: "Amo o cantor, mas não a canção."

Apesar das congestões e dos acessos de misantropia, Montaigne nada tinha de irascível. Entretanto, se por um lado acredito naquilo que ele conta sobre sua aversão pelos tediosos, por outro me regozijo em saber que compartilho com ele tal gosto por uma *cultura animi*, feita de leituras ao mesmo tempo estudiosas e desenvoltas com seus autores favoritos, treinadas em certa solidão — aquela que a torre de sua propriedade lhe oferecia, onde, tendo instalado sua "livraria", rememorava também a amizade que o "costurara" durante quatro anos a Étienne de La Boétie.

Para dizer a verdade, sempre tive dificuldade em ser convencido pela narrativa que Montaigne faz de sua amizade, à moda antiga, por La Boétie. Quanto mais compreendo a fórmula "porque era ele, porque era eu" — que significa, nem mais, nem menos, que havia entre eles muitos mal-entendidos para suscitar e perpetuar uma recíproca simpatia —, mais a imagem de suas duas almas tão bem superpostas que faziam uma só me deixa perplexo. Muita ênfase para justificar uma ilusão afetiva compartilhada por dois homens ávidos de concórdia no meio de guerras fratricidas. Acredito mais em Montaigne quando diz que, tão logo apresentados um ao outro no Parlamento de Bordeaux, em 1558, a familiaridade entre eles nasceu na hora. Étienne estima Michel por sua *finesse*, Michel admira Étienne por ter escrito, aos

18 anos, o *Discurso sobre a servidão voluntária*.* Com esse homem, três anos mais velho do que ele, Montaigne se sente obrigado a se elevar ao nível de um espírito que julga — erradamente — superior ao seu. Quando confabulam, é duramente: "Gosto de uma amizade que causa viva satisfação na dureza e no vigor da troca de ideias, assim como o faz o amor nas mordidas e arranhões sangrentos." Por um lado, La Boétie, campeão formado pelo Pórtico, e, por outro, Montaigne, campeão da mesma categoria, treinado por Pirro. Adivinha-se a intensidade desses encontros. Aliás, para Montaigne, com a condição de se estar entre "homens galantes", todas as astúcias da retórica são permitidas. Eles retificam o julgamento. O que não quer dizer que Montaigne não goste de se entreter também com jovens mulheres. Se ele as aprecia por suas "graças corporais", às quais jamais desdenha quando elas as oferecem, ele as busca também pelas "graças de seus espíritos", às quais, como homem da Renascença, ele atribui uma virtude civilizadora. Certamente ele conhece as que só dizem frivolidades e outras que só se entregam pela metade; mas, em geral, ele as considera "belas e honestas". Entretanto, para Montaigne, por dever

---

* Étienne de La Boétie. *Discurso sobre a servidão voluntária*. Tradução de Laymert Garcia dos Santos. Comentários de Claude Lefort, Pierre Clastres e Marilena Chaui. Edição bilíngue. São Paulo: Brasiliense, 1987.

de civilização, não se fala com uma jovem da mesma forma que com um homem. Com ela evitam-se, como se diz, os assuntos que desagradam, para abordar somente aqueles que aproximam. Não obstante, é uma troca de ideias em que ele se mantém alerta. Dado que pode se transformar num corpo contra corpo, um *tête-à-tête* exclui a gravidade da paixão como a seriedade doutrinária. A arte do cavalheiro é fazer uma senhorita que tem o sentido da conversação deslizar para a conversação dos sentidos. Flertar não é debater. Para Montaigne, só há debate se houver combate viril, mesmo que este se desenrole como um jogo de sedução no qual é preciso aceitar a possibilidade de ser vencido ou convencido. Assim como um jovem ateniense, depois de uma controvérsia rigorosa com Sócrates, deveria encontrar prazer em se render às suas dúvidas, também Montaigne se curva de boa vontade diante dos argumentos de um pensamento poderoso. "Quando me contrariam, despertam minha atenção, não minha cólera; sou atraído por aquele que me contradiz, que me instrui." Montaigne fala a verdade. Sei, por experiência, que o contato contínuo com o virtuosismo torna meu espírito, apesar de pouco maleável, mais forte e brilhante. Mas também sei o quanto é raríssima a chance de encontrar um homem ou uma mulher para os quais as leituras e a meditação alimentem e moldem as palavras. À arte do debate as pessoas preferem a comunicação ou, ainda pior, a coexistência harmoniosa.

Quando, em agosto de 1563, Montaigne perde seu amigo Étienne de La Boétie, sua vida se torna "obscura, como uma noite tenebrosa e enfadonha". A tristeza diminui nele a energia necessária para continuar a desempenhar, mesmo aos 30 anos, o papel de cavalheiro ocupado, obrigado aos sorrisos falsos do cortesão e ao comportamento afetado da libertinagem. Seguro de que a sorte não lhe apresentará mais um interlocutor tão meritório quanto La Boétie — Marie de Gournay, "filha de aliança", só entrará em sua vida vinte e cinco anos depois —, ele projeta se retirar para suas terras o mais cedo possível. Ele entrevê que nesse retiro, propício "à sua liberdade, à sua tranquilidade, aos seus lazeres", vai se dedicar à prática da leitura e da releitura dos Antigos — e também de alguns contemporâneos —, sendo que a maior parte dessas obras lhe foi legada por La Boétie. Na verdade, ele já sabe que no silêncio de sua biblioteca, instalada dentro das espessas muralhas de sua torre, vai se entregar secretamente a uma atividade do quarto tipo: a escritura.

Quando se chega à propriedade de Montaigne, depara-se com um castelo de arquitetura pretensiosa e sem personalidade, que não tem nenhuma semelhança com aquele em que viveu seu senhor e mestre. Devastado por um incêndio após sua morte, foi reconstruído no decorrer de décadas segundo o gosto de seus diferentes e sucessivos proprietários. Aliás, não está aberto à visitação. O conjunto das dependências, em revanche, continua como antes, com, nas duas extremidades, uma pequena torre. Essas defesas nada têm de imponente. Mais do que um lugar-forte, elas anunciam uma casa de um rico proprietário unicamente preocupado em valorizar suas vinhas e seus campos. Montaigne se preocupara tanto em manter a imagem de uma neutralidade religiosa e política que jamais fechava as portas do castelo nem o defendia com homens armados. Assim que huguenotes e católicos deixavam seus dogmas e seus soldados nas cavalariças, eram recebidos com as mesmas atenções. Nesses tempos de guerras e de perseguições, a aposta da paz e da tolerância era arriscada, mas ele corria o risco.

Pacífico, Montaigne gostava, acima de tudo, de ser deixado em paz. Em 1571, liberado provisoriamente do mandato no Parlamento de Bordeaux, decidiu apropriar-se e arrumar uma torre do castelo. Ele entrava nela a partir de uma capela situada no térreo. Não se detinha nela; artisticamente decorada, enganava os visitantes. Quando sua esposa chamava um padre para celebrar uma missa nessa capela, Montaigne, alegando a necessidade de se recolher sozinho, retirava-se para seu quarto, no primeiro andar. Graças a uma abertura na parede, nada perdia da missa, que seguia com devoção, do fundo de seu leito — frequentemente em companhia de uma jovem criada.

Sua "livraria" ficava no terceiro andar. "A forma de minha biblioteca é redonda e só tem de retilíneo aquilo que é preciso para minha mesa e minha poltrona; com um só olhar ela me oferece, em sua curva, a totalidade de meus livros, organizados em cinco níveis em todo o entorno. Ela tem três vistas de rica e livre prospecção [perspectiva], e dezesseis passos de vazio em diâmetro. [...] Atrás, há um gabinete bem luzidio, capaz de receber o fogo no inverno, agradavelmente perfurado na parede. [...] Passo aí a maior parte dos dias de minha vida, e a maior parte das horas do dia. Nunca permaneço à noite. [...] Aí é minha sede. Tento exercer nela a dominação pura e subtrair esse único canto da comunidade conjugal, filial e civil. [...] Infeliz, em minha opinião, daquele que não tem em sua casa um lugar para si, onde se fazer particularmente a corte, onde se esconder!" Na descrição de seu refúgio, Montaigne esquece de informar que mandou gravar, nas vigas do teto, bem legíveis, mas sem menção aos autores, dezenas de máximas, algumas tiradas de poetas ou filósofos gregos — Sófocles, Eurípides, Sócrates, Xenófanes —, outras de autores latinos — Plínio, Terêncio, Horácio, Lucrécio, Sextus Empiricus —, outras ainda das Escrituras — Eclesiastes, São Paulo. Ele adorava as fórmulas curtas que dizem muito sobre a "niilidade da condição humana".

Escrevendo, como é conhecido, *à sauts et à gambades* [por saltos e piruetas], Montaigne confessava não respeitar sequer a questão colocada no título de um capítulo. Para alguns de seus leitores, tal desenvoltura solaparia a compreensão de seu pensamento. E deploram: de um ensaio a outro, quando não no cerne de um parágrafo, Montaigne se contradiria. Lá, se acredita ser estoico, mas cá, ele se mostra epicurista, depois, mais distante, dá as costas ao Pórtico e ao Jardim.* Montaigne não se contradiz nem hesita: ele passeia. É difícil segui-lo quando se persegue ideias irrevogáveis. Aos seguidores, Montaigne prefere os perambuladores que fazem um pedaço do caminho em sua companhia; se têm coisa melhor para ler, ele não fica ofendido com sua partida.

Examinando atentamente os dicionários de filosofia, antigos e recentes, de vocação universitária, como o famoso "Lalande", ou de inspiração mais pessoal, como o de André Comte-Sponville, não encontro menção à palavra "diletante". Isso não me surpreende. Esse substantivo derivado do verbo italiano *dilettare*, que significa "deleitar-se" e, portanto, designa "aquele que se entrega a uma arte por prazer" — e eu acrescentaria: por tédio —, só poderia molestar os graves doutores. Se estes mostram má vontade em admitir que quando Montaigne fala do prazer nunca o faz na qualidade de doutrinário do hedonismo, mas *por experiência* e *no plural*, afastam decididamente a ideia de que, entregando-se à sua preguiça criativa, ele pretende fazer de seu pensamento um prazer de pensar. "E, quando ninguém me ler, terei perdido meu tempo ao me ter entretido tantas horas ociosas com pensamentos tão úteis e agradáveis?", escreve Montaigne, como se estivesse

---

* Estoicismo e epicurismo. (N.T.)

se dirigindo a eles. Aplicado a Montaigne, o adjetivo "diletante" não é uma palavra vã. Ela cola com exatidão à sua própria maneira de se retratar numa "nova figura de filósofo impremeditado e fortuito", em suma, um *ensaísta*.

Se eu tivesse a pulsão do doutorando, poderia tergiversar sob a abordagem *sub specie temporis* do ser em Montaigne ou falar obscuramente, como Kant, sobre seu *parti pris* de pensar o mundo por meio de um "julgamento refletido" em vez de "subsumi-lo" às categorias de um "julgamento determinante". No entanto, tendo só um gosto de leitor, minha tese é simples: se Montaigne se refugia em sua biblioteca para escrever, é para continuar suas conversas com Étienne, seu irmão, e com Pierre, seu pai, ambos reduzidos ao silêncio definitivo num intervalo de cinco anos. Imagino, então, que Tristeza, sua musa, brinca com ele como uma cruel mulher que o inspira e o oprime. Com o ensaio, Montaigne inventa uma escritura elegante e desenvolta, profundamente marcada pela *sprezzatura* tão cara a Baldassare Castiglione, do "mal da alma".

Mesmo que se trate de certas formas de pensamento ou de modos de existir, as palavras que terminam em "ismo" não necessariamente remetem a ideologias, a sistemas metafísicos ou a éticas. Não apreendo o niilismo de Montaigne sob o ângulo de uma doutrina, mas sob o de uma vertente psíquica, como se diria, referindo-se a outros autores, de vertente sexual. O niilismo não é, em Montaigne, uma tese filosófica, assim como o sadismo ou o masoquismo não são, em Sade ou Masoch, opiniões eróticas. Como esses dois escritores, poetas de suas manias, Montaigne nada ensina nem demonstra, mas, diz ele, "conta" as perturbações de sua alma e as deficiências de seu corpo.

Montaigne é niilista porque é o homem de um pensamento único, o pensamento da morte. Ele não pensa *a* morte, dado que a coisa é impossível. "Só podemos tentar a morte uma vez; quando a ela chegamos, todos somos aprendizes." Por outro lado, pensa *na* morte — na sua própria, na dos outros, na de todas as coisas — e, a despeito do tom brincalhão que frequentemente usa, não pode esconder que ela o aterroriza. Quando lê, em Epicuro, que "a morte nada é para os homens" na medida em que, "enquanto eles vivem, ela não é", e que, "quando ela é, eles não vivem mais", Montaigne se pergunta se esse filósofo não se contenta com vãs palavras. "Nada temos de mais frequente na cabeça senão a morte", ele lhe replica, mesmo que tal pensamento aumente ainda mais seu pavor. Não somente Montaigne não enrubesce por sentir terror de morrer, mas extrai daí a mais sábia das virtudes filosóficas, que é ridicularizar o preconceito teológico da grandiosidade humana. Dado que, precoce ou tardia, brutal ou doce, a morte se inscreve na realidade carnal dos homens, por que o fato de se saber mortais lhes conferiria uma superioridade ontológica sobre os animais? O que pode lhes garantir a certeza de que a alma, depois do falecimento, se separa do corpo e ganha outra morada? Como o aterrorizante na morte nada mais é que "seu natural", em vez de expulsá-la de nosso espírito, é melhor fazer dela a convidada permanente de nossos prazeres e nossos dias, a exemplo dos antigos egípcios "que, no meio de seus festins e do melhor banquete, faziam trazer a anatomia seca do corpo de um homem morto, para servir de advertência aos convidados".

Aos filósofos que peroram sobre as Ideias, as Formas, os Números e os Átomos, Montaigne prefere os autores que contam as existências humanas, os impasses trágicos. A rigor, um sistema metafísico o toca, lhe interessa, se puder lê-lo como uma "poesia sofisticada" — nisso, o *De natura rerum*, de Lucrécio, comove-o muito mais do que um diálogo de Platão. Contudo, por ter quase sempre a impressão de que lhe servem "fanfarronadas" tão vazias quanto obscuras, ele "não rói as unhas" por não reter uma única palavra. Denunciando na "dificuldade" uma "moeda que os sábios empregam, como os prestidigitadores, para não descobrirem a inconsistência de sua arte" e com a qual "a humana imbecilidade se paga facilmente", ele se empenha em assegurar ao seu leitor: "Não sou um filósofo." É notável constatar a que ponto, muito antes de Freud, Montaigne desconfia que os filósofos sofrem de um excesso de pensamento, de razão e de "fantasia" — portanto, de um excesso de *sentido*, isso que em psiquiatria se compreende por *paranoia*. Tudo se passa como se, angustiados por sua própria vida tão fortuita quanto efêmera, eles negassem a realidade do acaso, do tempo e da morte, para substituí-los por um mundo conforme seu desejo contrariado de harmonia e de eternidade. Sua loucura consiste em apresentar a realidade das aparências como uma aparência de realidade, como subproduto de outra realidade a que chamam Ser, mas que só existe em sua imaginação — completa fabulação conhecida sob o nome respeitável de "metafísica".

Talvez Montaigne tenha indulgência pela "absurdidade" dos metafísicos, mas perde a paciência diante de sua recusa em tratar o tempo ou a morte, o prazer ou a dor, a alegria ou a tristeza, como realidades que os afetam exclusivamente. Platão descreve a morte de Sócrates, mas não *sua* abordagem da morte; Aristóteles escreve sobre a amizade, mas não sobre *seus* amigos; Epicuro exalta o prazer, mas guarda silêncio sobre *seus* prazeres; Cícero dedica um tratado à velhice, mas não à *sua* velhice. Relendo-os, dir-se-ia que esses homens são seres metafísicos. Para Montaigne, ainda passa que as afetações desse tipo possam dar lugar a bláblábás "fabulosos"; mas que esses filósofos, como outros, tão mudos a seu respeito, se autorizem a pregar sabedorias, isso lhe parece "enganação". Nada lhe parece mais suspeito que o fato de incitar os homens a buscar o saber absoluto, a felicidade, o domínio de si, a renúncia. Nossa razão é por demais fraca, nossos desejos e nossas paixões fortes demais para nos permitir atingir "as verdades últimas" como o "soberano Bem".

"Que sei?", se pergunta Montaigne, mais prudente que desconfiado em relação às ciências. A razão, essa "faculdade nossa" de trazer um pouco de luz para a noite que nos envolve, e que se prejulga universal, permanece "uma aparência de discurso que cada um forja em si, [...] um instrumento de chumbo e de cera, flexível, dobrável e acomodável a todos os vieses e a todas as medidas". O que, é claro, admite Montaigne, não deve nos impedir de fazer uso dela. Porque raciocinar é, antes de tudo, duvidar, e nossa dúvida deve concernir muito mais a nossas certezas que as verdades. As primeiras traduzem nossa vontade de crer; as segundas respondem ao nosso desejo de saber. Por mais que seja cético, Montaigne louva os espíritos verídicos, isto é, desejosos de conformar seu pensamento ao real. Salvo, diz ele, que lhes é necessário ficar alertas para o fato de que tal conformidade continua a ser aleatória, tão aleatória quanto seu pensamento e o real. O que chamamos de "verdade" corresponde melhor a uma definição provisória das coisas que ao seu conhecimento definitivo. Nosso saber nada mais é que isso que nosso pensamento consegue apreender do caos com a menor confusão possível. Entre uma crença e uma verdade não há uma diferença de natureza, mas de grau na precisão

— razão pela qual Montaigne faz para si apelo a um gaio saber* como a uma douta ignorância.

Se a razão tece tantas ilusões quanto tricota verdades, é possível, desde então, viver segundo as virtudes que ela recomenda? Sendo cada um aquilo que é, ao sabor das circunstâncias nas quais se debate e soçobra, uma vida moral é um voto pio. Montaigne não nega que a coragem seja preferível à fraqueza, a generosidade à mesquinharia, a amizade ao ódio, a tolerância à intolerância etc. — melhor negar, senão, que a saúde vale mais do que a doença. O que lhe parece duvidoso é que todas essas virtudes, inspiradas ou ditadas pela razão, possam ser adquiridas ou conquistadas graças à vontade. Como dão testemunho nossos estados passionais, nossa vontade não resiste à pressão conjugada ao desejo e à imaginação que formam a "contextura" de nossa alma. Ninguém pode, voluntariamente, porque sua razão lhe dita, se desfazer de suas emoções, de seus sentimentos e de suas obsessões. Somente um novo amor nos distrairá de

---

* Instituição fundada em 1323 por vários poetas que se reuniram para formar o que se chama de Consistório do Gaio Saber. Preocupados em restabelecer certo lirismo depois da cruzada contra os albigenses no século XIII, alguns ricos burgueses de Toulouse organizaram um concurso literário em língua occitana que todo ano recompensaria um trovador com um prêmio na forma de uma violeta, símbolo daquela cidade, feita do mais fino ouro. (N.T.)

uma dor no coração, somente a cólera nos aliviará do ódio, somente o nascimento de um filho atenuará em nós o luto por um pai, somente uma alegria interromperá uma aflição. Mas, também, a perda de um filho nos fará experimentar ao mesmo tempo todo o conjunto de aflição, desamor, ódio e cólera. Assim, somente uma paixão, boa ou ruim, alegre ou triste, será suficientemente potente para afastar, ao menos por algum tempo, outra paixão — salvo a melancolia, que nada consegue romper. Que os vendedores de sabedoria ocultem essa realidade humana tão trivial, isso desafia o bom-senso de Montaigne. Assim como nosso corpo não pode se armar contra as doenças, nossa alma jamais pode se curar de suas paixões. Para que nossa alma sare, seria preciso que se saciasse dos objetos de desejo e de imaginação que consegue, por vezes e por acaso, obter. Ora, nota Montaigne, "qualquer coisa que caia em nosso conhecimento e gozo, sentimos que não nos satisfaz e prosseguimos correndo atrás de coisas a vir e desconhecidas". Não que as coisas familiares que possuímos aqui e agora não tenham com o que nos "alimentar", mas "nós as apreendemos de um gesto doente e desregrado". Nenhuma filosofia tem poder sobre isso. O Sábio é uma quimera. A própria vontade de se dotar de virtudes para, em suma, ser *outro*, mostra o quanto a razão e a vontade capitulam diante do desejo e da imaginação, que dela se servem, à sua revelia, como meios de ilusões. E depois, enfim, seria tempo de admitir que a virtude nada tem a ver com a moral. Na origem, a palavra *virtus* designa aquilo que *por natureza* caracteriza um ser. É nesse sentido que Montaigne credita a alma humana de uma única virtude, a insatisfação, que tanto resulta em bravos homens quanto em crápulas.

Queremos, apesar de tudo, aceder a uma vida razoável? Nesse caso, propõe Montaigne, vivamos segundo a natureza — natureza que ele chama também de um "primeiro costume". Claro que, para ele, a natureza nada mais é do que uma "rudimentar balança perene", que nenhuma razão ou sabedoria divina conduz. Se os homens nela concebem uma ordem, isso vem de seus grosseiros hábitos perceptivos. Dado que vivem, em sua escala, a experiência de uma regularidade dos fenômenos naturais, se esquecem do "balanço mais languescente" que a anima e gostam de imaginar que ela obedece a uma legislação semelhante à de uma cidade. Mas que importa? Tal ilusão se mostra necessária e benéfica. Já que um costume antigo, petrificado em suas tradições e suas leis, é uma instituição que soube se acomodar ao caos universal, é melhor se curvar a essa "segunda natureza". Quando é preciso desempenhar o papel de senhor, Montaigne o faz; quando precisa ser o soldado, o prefeito de Bordeaux, o marido, o poeta, o bom católico etc.: "Minha profissão e minha arte, é viver", diz ele, e o faz segundo essa máxima: "Viver a propósito" ou, dito de outra forma, "Sem ondas!". É somente nos bastidores de sua consciência, onde cultiva ideias de "segundas intenções", que Montaigne se desfaz de todos esses papéis. Aí, coloca para si só a menos caricatural das máscaras, a do pensador. Montaigne não propõe nenhuma diretiva para uma vida livre, virtuosa e feliz. Tudo o que preconiza é de se resignar, com toda a hipocrisia, a um estrito conformismo social e jurídico. Fazer de Montaigne um precursor das Luzes é desfigurá-lo. Montaigne é um pensador trágico. A acuidade para o que é relevante o impede de iluminar os homens.

Como os mundos abstratos, as lições de moral desencarnada que transbordam dos tratados de metafísica e de sabedoria lhe dão enxaqueca, Montaigne estima que não tem escolha: é preciso que escreva o único livro de filosofia que lhe dará gosto de ler, porque ele próprio será a principal "matéria". Quando declara: "Não retrato o ser, retrato a passagem", oferece a própria definição do *ensaio* do qual é, historicamente, o único *autor*. Nem memórias, nem confissão, nem diário íntimo e, não obstante, tudo isso ao mesmo tempo, um ensaio de Montaigne se dá a ler como a fala singular de um homem que tenta transcrever o sentimento trágico de sua vida. Uma estilística do "não-sei-quê" e do "quase nada". "É um empreendimento espinhoso, e muito mais do que parece, seguir um ritmo tão vagabundo quanto o do nosso espírito, penetrar as profundezas opacas de suas dobras internas, escolher e tomar tantos pequenos aspectos de suas agitações." Em virtude da própria dificuldade que representa a tarefa de fundar um léxico e uma gramática adaptados aos movimentos de sua vida interior, Montaigne recusa nos filósofos "o costume que fez o falar de si vicioso". Estranho costume que esquece o imperativo apolíneo de Sócrates: "Conhece-te a ti mesmo." "De que trata Sócrates mais amplamente que de si?", lembra ele.

"Para o que encaminha, na maior parte das vezes, os propósitos de seus discípulos, senão a falar deles — não da lição de seu livro, mas do ser e primeiro impulso de sua alma?" Da mesma forma que os pintores renascentistas, tomando modelo na escultura antiga, oferecem uma nova pintura, também Montaigne, retomando por sua conta a divisa socrática, cria o *egotismo*. Não que o autor dos *Ensaios* alimente o "tolo e vão projeto", como dirá Pascal, de se entregar ao culto do eu. Colorindo de cinza o "sujeito informe" de suas cogitações e de seus gestos, Montaigne nada mais propõe que "uma vida baixa e sem brilho". Exibindo-se por inteiro, ele não oferece à contemplação seu busto modelado nas pregas da virtude, mas a possibilidade de autópsia de "um *skeletos* onde, de uma só vista, as veias, os músculos, os tendões aparecem, cada peça em seu lugar". Porque ele porta em si a forma da "humana condição", sublinha nele toda a "niilidade".

Tal como inventado por Montaigne, o ensaio é uma "egografia". Uma escritura do pior. "Apresentei-me a mim mesmo, por argumento e por sujeito", ele escreve, mas adiciona logo a seguir: "quanto mais me assombro e me conheço, menos me entendo em mim."* Por mais metódicos que sejam, seus esforços de introspecção o deixam insatisfeito. Tudo o que consegue atingir de substancial se deve ao acaso, à aleatoriedade favorável da escrita. O que Montaigne verifica é que não há eu nele na mesma proporção em que não há natureza no mundo. Sendo o mundo a combinação incerta de uma infinidade de corpos, o meu, o seu, não é *nada*, nada que não um pequeno amontoado de átomos que gesticula, sofre e goza no vazio. Ora, somente as palavras, esses ventos de boca que Montaigne insiste obstinadamente em fixar sobre centenas de páginas, dão-lhe essa verossimilhança de ser. É mesmo um milagre que tão pouca carne se faça verbo. "Tanto fiz meu livro quanto meu livro me fez." Quando ele se relê e enche cadernos de observações, Montaigne não sabe se é um autor em busca de ego ou um ego em busca de autor.

Em 1900, aos 20 anos, Stefan Zweig lê, pela primeira vez, os *Ensaios*. Seu prazer, ele confessa, é "só literário". Essa

---

* Em francês, *plus je me hante et me connais, moins je m'entends en moi*. O verbo *entendre*, por ter várias acepções (se prestar a algo, apreender pela inteligência, conhecer a fundo, perceber pela audição, escutar com atenção e, na forma reflexiva, ser compreendido, ser hábil, ouvir reciprocamente as palavras de outrem), traz múltiplas possibilidades de sentidos. (N.T.)

obra só desperta nele uma emoção "de antiquário diante de um belo objeto antigo". É mais tarde, quando vê o século se perder em duas guerras mundiais, quando, nas suas palavras, ele é um homem "arrancado de suas esperanças, de suas experiências, de suas expectativas e de seus entusiasmos, desalojado como que a golpes de chibata até o ponto em que nada mais se tem a defender, exceto seu eu nu, sua existência única que não será dada duas vezes", que Montaigne lhe traz "sua amizade insubstituível". Em agradecimento, Zweig dedica-lhe um de seus mais belos livros. Ele escreve seu *Montaigne* em Petrópolis, no Brasil, onde se refugiou com Lotte, sua jovem esposa. Uma vez acabado o livro, ambos se suicidaram em fevereiro de 1942. O amigo Montaigne não pôde salvá-los.

Minha vida nada tem em comum com o destino de Zweig. Nasci bem depois do nazismo e da guerra, e não sou judeu. Nunca sofri perseguição ou tormento histórico. Em que pese tudo isso, quando fiz 30 anos, Montaigne também se tornou meu amigo. Impressionado pelo volume dos *Ensaios*, inicialmente só os folheei. Como o cotidiano passa incontinente, decidi conhecê-lo mais profundamente. Hoje em dia, quando os retomo, posso dizer, como Zweig, que "não tenho em mãos um livro de literatura ou de filosofia", mas que falo "com um homem que compreendo e que me compreende".

7

"A melhor filosofia, relativamente ao mundo, é aliar, a seu respeito, o sarcasmo da alegria com a indulgência do desprezo."

Chamfort

No início de *O misantropo*, de Molière, Alceste se recusa a dirigir a palavra a Filinto, porque acaba de vê-lo tratar com excesso de afabilidade um sujeito sobre o qual ignora tudo, até o nome. Se no instante seguinte Filinto lhe dirige as mesmas palavras de amizade que havia dito ao desconhecido, que pensar, a partir de então, da autenticidade do relacionamento deles? Questão à qual Filinto responde que há um tempo para a amizade e um tempo para o tráfico das relações humanas, o qual não se assemelha a um aprazível comércio, a não ser que os clientes troquem a mesma moeda de polidez. Tal ética da hipocrisia, que cheira ao homem da corte, ofusca Alceste, que não mede o que ela, apesar de tudo, contém de sabedoria. Porque, se acontecesse de os humanos serem sinceros uns com os outros, ainda que fosse só por uma hora, se não emitissem, segundo o desejo de Alceste, "nenhuma palavra que não partisse do coração", eles se massacrariam até o último deles.

O conselho de Chamfort de aliar, em relação ao mundo, "o sarcasmo da alegria com a indulgência do desprezo" foi-lhe, certamente, inspirado por sua rude experiência nos salões da moda, onde não se deixava de lembrar sua condição de bastardo, no meio literário em que fiéis amigos se aplicavam a entravar sua glória e, antes de tudo, nas torpezas de uma nobreza despeitada sempre pronta a tratá-lo como um criado. Parece-me também entender aí uma homenagem a Molière, homenagem mais radical e virulenta que o *Éloge* que ele pronuncia em 1769 diante da Academia Francesa: "Nenhum autor cômico mostrou melhor sua concepção do sistema da sociedade que Molière em *O misantropo*. É nele que, mostrando os abusos que ela necessariamente impõe, o autor ensina a que preço o sábio deve comprar as vantagens que ela oferece; que, num sistema de união fundado sobre a indulgência mútua, uma virtude perfeita fica deslocada entre os homens e atormenta a si própria sem corrigi-los: é um ouro que precisa de liga para tomar consistência e servir aos diversos usos da sociedade. Contudo, ao mesmo tempo, o autor mostra, pela superioridade constante de Alceste sobre todos os outros personagens, que a virtude, apesar dos ridículos aos quais sua austeridade o expõe, eclipsa tudo aquilo que o cerca; e o ouro que recebeu a liga não deixa de continuar a ser o mais precioso dos metais."

Seguramente Molière julga Alceste superior aos pequenos marqueses que perturbam Célimène com assiduidade. Mas será que o prefere a Filinto? Além da questão de saber se Alceste faz bem ao permitir que sua franqueza e sua cólera estourem diante do primeiro inoportuno que apareça, Molière coloca esta outra questão, que oporá o Século das Luzes ao Grande Século e dividirá o próprio espírito de Chamfort: a de saber se os humanos são nefastos uns para os outros por natureza ou se eles se tornam assim por causa da vida social. Ora, pelas réplicas de Filinto, percebe-se claramente que Molière pertence bem a seu tempo, do qual toda a literatura, tanto jansenista quanto libertina, visa não tanto demolir o herói corneliano, mas arruinar a futilidade artística, teológica e filosófica capaz de forjar tal mito de grandeza humana, assim como qualquer ideal moral. Chamfort distingue dois tipos de moralistas: "aqueles que só viram a natureza humana pelo lado odioso e ridículo" e aqueles que nada mais viram a não ser o "belo lado e as perfeições". Enquanto os primeiros "não conhecem o palácio do qual só viram as latrinas", os segundos "desviam os olhares para longe daquilo que os ofendem e que nem por isso deixa de existir". *Est in medio verum*, defende ele. O que não é o caso de Molière, que, evidentemente, deve ser colocado na primeira categoria de moralistas. Por pouco não ficaríamos desconcertados ao ouvir jorrar da boca de Filinto a máxima de La Rochefoucauld, grande conhecedor dos humanos por com eles ter convivido nos campos de batalha mais sangrentos e nos salões mais refinados: "Os vícios entram na composição das virtudes, assim como os venenos na composição dos remédios. A prudência os anexa e os tempera, e faz uso deles utilmente contra os males da vida." Alceste, animado pelo secreto desejo de modificar a alma de seus semelhantes — a começar pela de Célimène —, por meio de sua rude pedagogia do franco dizer, revela um caráter de filantropo decepcionado. Infeliz nas amizades e rejeitado no amor, imputa a toda a sociedade desilusão e odeia a maldita providência que em nada a criou à imagem de seu eu. Já que não pode destruí-la, só lhe resta a opção da retirada solitária, remédio bem pior que o mal no qual ela deixa o coração se corroer de impotência de se vingar. Quanto a Filinto, sem ilusões sobre a possibilidade de corrigir "os vícios mesclados à humana natureza" e cujo espírito "não fica menos ofendido ao ver um homem hipócrita, injusto, interessado, quanto ao ver abutres famintos de carniça, macacos malfeitores e lobos cheios de furor", aparece como o verdadeiro misantropo que, devido ao *parti pris* de indiferença e seu talento de duplicidade mundana, inspira mais seguramente Chamfort por sua máxima que seu acólito bilioso.

Quando tomo ao pé da letra a palavra do moralista, não somente rememoro essa primeira cena de *O misantropo*, mas me vejo, por meio desses dois personagens, como se cada um deles exprimisse, por sua vez, meu próprio sentimento dividido sobre a conduta a ser mantida com meus semelhantes. Veemência ou impassibilidade? Alceste sou eu. Como ele, eriço-me como um porco-espinho ao contato com a imbecilidade e a vulgaridade, com o preconceito e a fanfarronice, com o cálculo e a ambição; e, como ele, no cúmulo do mau humor, sinto o desejo de enfiar todo mundo que se aproxima de mim num mesmo saco e, depois de lhes vociferar um monte de verdades, "contradizer bruscamente todo o gênero humano". Se me abstenho, é porque em mim Filinto também raciocina. Observando, como ele, "cem coisas por dia que poderiam funcionar melhor", considero uma "ambição insensata o desejo de querer corrigir o mundo", tanto que em sociedade o instinto me incita a uma paciente urbanidade. Pena que a urbanidade em nada me preserva da rusticidade e da falta de polidez dos humanos com quem tenho contato, nem os desencoraja! Quanto mais tomo cuidado com palavras, roupas e gestos, menos atraio sua benevolência, pois, com boas maneiras ou não, sei que ela não existe; espero, entretanto, ao menos sua neutralidade. A adequação do linguajar, para que seja compreensível, e as cortesias dirigidas a todos, a fim de desarmar as pulsões hostis, assim como o respeito aos diferentes registros de linguagem e à apresentação pessoal, que servem para definir uma vida civilizada, passam, a seus olhos, por um sinal de superioridade e uma provocação altiva. Expressar-se com correção e espírito quando uma gíria grosseira se tornou o idioma oficial? Vestir-se com cuidado quando a bermuda e o blusão de moletom com capuz "mó legal" virou uniforme? Comportar-se com polidez quando a ausência de regras se tornou a própria forma de descontração? São qualidades aristocráticas que ofendem sua natureza plebeia e geram bem rapidamente uma tensão próxima da rixa — tal como se produz na parábola do *El discreto*, de Baltasar Gracián, quando o pavão é atacado por todos os representantes da *gens volatilis*, dos frangos aos corvos, que o acusam de lhes ter roubado os aparatos que não têm e não terão jamais. Quando volto para casa depois de ter passado horas com meus contemporâneos, constato que quase apanhei e, se escapei por pouco, foi por ter tido o reflexo prudente de envolver meus propósitos com um mel anestesiante, que acalma o ressentimento de meus agressores o tempo necessário para que eu fuja. Frequentemente, com temor de que um dia as coisas corram mal, penso em aprender uma arte marcial ou até, como os *muscadins** do Termidor, jamais sair sem um grosso porrete. Fleuma? Que seja. Com a condição de se beneficiar de um porte de armas.

---

* Nome dado, sob a Revolução, aos jovens realistas que se distinguiam por sua elegância rebuscada. Thermidor é décimo primeiro mês do calendário republicano francês e que, conforme o ano, começava em 19 ou 20 de julho e terminava em 17 ou 18 de agosto. (N.T.)

8

"*Homo homini lupus*: quem teria a audácia, diante dos ensinamentos da vida e da história, de contradizer esse adágio?"

Sigmund Freud

O *mal-estar na civilização** é publicado em Viena em 1929. No mesmo momento, os berlinenses descobrem nas telas o rosto de Louise Brooks em *Lulu*, de Pabst. Grande leitor de Freud, fascinado pelos mistérios da alma, o

---

* Sigmund Freud. *Obras psicológicas completas da edição standard brasileira*. O mal-estar na Civilização. Rio de Janeiro: Imago. (N.T.)

cineasta toma a peça de Wedekind, *A caixa de Pandora*, para filmar o encontro fatal entre Eros-Lulu e Tânatos-Jack, o Estripador. Freud detesta cinema, mas Louise Brooks admira Freud. Na época, o velho doutor tem 63 anos, e a jovem atriz, 22. *Lulu* marca a morte dos anos loucos, *O mal-estar na civilização* anuncia os anos loucos da morte.

Freud foi, para mim, uma leitura de liceu e dos primeiros anos de universidade, durante os quais devorava também Zweig, Schnitzler, Roth e colecionava os livros de arte dedicados a Schiele, Kokoschka, Klimt. Na época em que eu cultivava uma nostalgia separatista de fim de século, o psicanalista austríaco em voga nos meios estudantis da esquerda revolucionária não se chamava Freud, mas Wilhelm Reich, inventor alucinado de uma libido cósmica — "descoberta" da qual tenta, no fim da vida, em seu exílio americano, tirar aplicações técnicas: uma máquina para curar o câncer e um "caçador de nuvens".* Antes de mergulhar na loucura e de acabar na prisão por prática ilegal da medicina, Reich, nos anos 1930, funda o freud-marxismo, introduzindo a luta de classes na teoria da repressão dos instintos. Quando Freud evocava a cultura geradora de neuroses, Reich precisava que

---

* Trata-se do "Cloudbuster", artefato com o qual, por um lado, pretendia fazer chover, inicialmente durante as secas na região do Maine, e, por outro, afastar tempestades. (N.T.)

se tratava da "cultura burguesa", cujos valores e instituições morais acabavam por negar a humanidade dos proletários, esmagados pelas engrenagens da economia capitalista, despossuindo-os de seus orgasmos. Daí a ideia de que se uma assistência sexual se mostrava urgente para os mais necessitados — tal era a vocação militante de sua associação Sexpol —, somente uma revolução social aboliria as condições da alienação erótica das massas. Para Reich e seus discípulos, o comunismo seria os soviéticos mais o orgônio.

Na realidade, a razão pela qual os esquerdistas dos anos 1970 optavam por Reich em vez de Freud não se devia tanto à contribuição ideológica socialista de um ou à hipótese da existência da pulsão de morte entrelaçada com o princípio do prazer, cara ao outro. Eles não perdoavam o autor de *O mal-estar na civilização* por escrever que o humano não é um animal tolerante, com um "coração sedento de amor", que só se defende quando atacado, mas um predador para os outros indivíduos de sua espécie, "tentado a satisfazer a necessidade de agressão à sua custa, a explorar seu trabalho sem dar compensações, a utilizá-los sexualmente sem seu consentimento, a se apoderar de seus bens, a humilhá-los, a infligir-lhes castigos, a martirizá-los e a matá-los". Essas pessoas nascidas no meio do século XX entre os escombros ainda fumegantes de uma Europa devastada pela Segunda

Guerra Mundial e genocídios, contemporâneos de uma enorme quantidade de conflitos sangrentos na Ásia, na África e na América Latina, incriminavam Freud por seu pessimismo antropológico. Pulsão de morte? Um preconceito "burguês" irracional. Porque os humanos, segundo os esquerdistas, não eram violentos no início de sua história, mas vieram a sê-lo. E se vieram a sê-lo foi, mais uma vez, por causa da instauração da propriedade privada e da necessidade de protegê-la *manu militari*, e, mais tarde, por causa da generalização da escravidão, do modo de troca próprio ao comércio e do Estado e, mais tarde ainda, por causa do aparecimento do capital e do trabalho assalariado. Através de sua fraseologia marxizante, os reichianos lançavam, na verdade, contra Freud as mesmas acusações e os mesmos argumentos que Rousseau endereçava a Hobbes. Por que o homem seria, por essência, um lobo para o homem? Num meio em que, num tempo imemorial, a água, a caça, o peixe, as frutas, tudo se oferecia à livre disposição dos humanos, nenhuma rivalidade os opunha. Estabelecidos sob a égide da abundância, sentiam mesmo uns em relação aos outros uma simpatia que os incitava a tecer laços sociais limitados, é claro, mas igualitários e pacíficos. Foi somente quando, em razão de um empobrecimento natural, os objetos de necessidade se tornaram raros e que o trabalho se impôs como única atividade de sobrevivência, e a força como único meio de preservar os produtos, que o desejo egoísta pouco a pouco os oprimiu e os transformou em egos possessivos e agressivos.

A fim de munir sua visão positiva de uma humanidade longínqua, alguns desses revolucionários humanistas chamavam a ajuda da etnologia libertária de Pierre Clastres. Sob o testemunho de seus estudos dedicados aos Ratos Ferozes do Paraguai — os índios Guayaki* —, que passavam duas horas por dia trabalhando e o resto do tempo levando uma vida sem complicações, eles se persuadiram de que nas comunidades primitivas desabrochavam as tendências humanas originais amigáveis, lúdicas e harmoniosas.

Freud compreendeu por que o conceito de pulsão de morte geradora de gozo suscitava tanta resistência — a começar, como vimos, por Reich, no próprio meio psicanalítico. A crença dos humanos em sua sociabilidade nativa e em seu gosto pelos prazeres simples procede não somente da denegação de sua história passada e presente, mas, antes de tudo, daquela da natureza de seus desejos. Muitas vezes Freud, em *O mal-estar na civilização*, paga sua dívida para com Hobbes, que escrevia, em seu *Leviatã*: "Encontramos na

---

* Pierre Clastres. *Crônicas dos índios Guayaki*. O que sabem os Aché, caçadores nômades do Paraguai. Tradução de Tânia Stolze Lima e Janice Caiafa. São Paulo: Editora 34, 1995.

natureza humana três causas principais de discórdia: *primo*, a Competição; *secundo*, a Desconfiança; *tertio*, a Glória. A primeira leva os homens a se agredir com vistas ao ganho, a segunda com vistas à segurança e a terceira com vistas à reputação." Para Freud, é o desejo de glória que constitui a principal causa da infelicidade dos humanos — desejo de glória que ele rebatiza, porque é uma declinação social, de "demanda de amor". As necessidades — a fome, a sede, o cio etc. — são os gritos do corpo. Em caso de penúria prolongada, eles reclamam e mordem. Tão logo satisfeitos, eles dormem. Só que esse silêncio nada anuncia de bom. Porque as necessidades satisfeitas aguçam outro apetite que nenhuma comida, nenhuma bebida, nenhum parceiro sexual jamais vem a preencher e que nunca cessa de expressar sua insatisfação. Tal é o desejo, uma necessidade doentia que não é sentida como uma falta biológica interna, mas como um vazio biográfico íntimo. Mesmo que se dirija sobre uma quantidade de coisas materiais, nenhuma delas lhe interessa, salvo se possuir para os outros desejos um valor social emblemático com o qual poderá se preencher um tempo, mas um tempo muito breve. Se, para Freud, a observação das sociedades primitivas revela um traço antropológico fundamental, é precisamente o mesmo que encontramos nas sociedades civilizadas: a necessidade dos indivíduos de existir aos olhos dos outros, mesmo que os problemas de sobrevivência tenham sido aí resolvidos, e as posições de poder, repartidas. A fim de evitar ou de postergar os massacres, os desejos são obrigados a praticar a comédia do reconhecimento recíproco, estabelecendo um sistema de troca de objetos, de títulos, ou até mesmo de discursos, valorativos para os egos — reconduzindo e atiçando, por isso mesmo, as rivalidades narcísicas. Bom selvagem ou civilizado decadente, o humano não transige quanto ao seu amor-próprio. O Guayaki constrangido a não poder consumir a caça que ele matou obtém reparação ao receber, por parte da comunidade, a distinção prestigiosa de "Grande Caçador"; a fim de gozar de todas as marcas de popularidade que seus súditos lhe manifestam, o príncipe lhes distribui, em retorno, cargos, títulos, honrarias, e presenteia seu povo com festas e cerimônias; um escravo suporta melhor sua condição e serve melhor o mestre se este o gratifica, às vezes, com agradecimentos e recompensas. Mas Freud sublinha que tal necessidade de reconhecimento reivindicado em permanência pelos egos não desaparece assim que fica satisfeito, pois o prazer experimentado conserva sempre o amargo sabor da falta. Nenhum humano, do mais privilegiado ao menos favorecido, jamais se sente suficientemente reconhecido, isto é, desejado. Do nascimento à morte, ele vive na frustração e no ressentimento. Enquanto os usos e costumes da cultura pesam sobre seus afetos, ele se enquadra na norma neurótica, contenta-se com os pequenos gozos permitidos, sempre condenando e invejando aqueles que se entregam a seus semelhantes, que ele imagina mais intensos. Se as interdições vêm um dia a explodir em favor de uma crise social, ele deixa, então, o curso mais livre à sua agressividade primária por longo tempo recalcada. "Chega!", vocifera, de armas nas mãos, diante de seus semelhantes. "É minha vez de aproveitar! Mas, primeiramente, vocês pagarão pela insolente felicidade que me roubaram!" Uma guerra ou uma revolução oferece aos humanos oportunos pretextos para acertar as contas com seus próximos que abusam do desejo de existir, conferindo aos impulsos conjuntos de prazer e de morte que os animam as cores de uma nobre causa comum. A fé, o patriotismo, a raça, os direitos humanos são maneiras de idealizar os gozos do assassinato, do estupro, da tortura, do roubo e da destruição.

Ainda na época de meus anos de universidade, um movimento psicanalítico modernista politicamente não engajado, mas versado em estranhos rituais chamados "cartéis", tinha Freud como um vago precursor de Lacan. Vi reportagens sobre o sujeito. Com suas camisas de bolinhas e seus cigarros à guisa de trompetes, ele me deu a impressão de ser um farsante, um pouco no gênero de Dali — que, soube depois, o influenciou bastante. Curioso, procurei alguns de seus *Seminários*. Não entendi nada. Apesar disso, muita gente ao meu redor parecia aceder ao que chamavam de nova "episteme" do Inconsciente, em que intrigantes objetos "pequeno a" o disputavam em importância conceitual com não menos perturbadores "matemas" e outros "nós borromeanos". Discutindo com lacanianos fortuitos, esperava que me esclarecessem. Como a maior parte deles era composta por psiquiatras e psicólogos, eu me dizia que estava lidando com espíritos cuidadosos com a clareza teórica. Ora, não somente percebi que eles estavam no mesmo ponto de compreensão que eu, mas que encontravam prazer em *jargonar*,* tanto ou mais à moda de seu mentor, com a única finalidade de se fazer notar intelectualmente diante de seus confrades. "O melhor modo de esconder os limites de seu saber é jamais ultrapassá-los", recomendava Leopardi. A cada vez que trocava ideias com um êmulo do doutor Lacan, ficava maravilhado ao perceber com qual aplicação esse Diafoirus** de consultório, de hospital ou de dispensário desprezava esse conselho.

Durante os anos 1980, as ideologias contestadoras se enfileiraram quando a esquerda tomou o poder, descentralizou as instâncias, chamou de "culturas" uma quantidade

---

* Em português, neologismo para indicar uma maneira pouco compreensível de falar, linguagem viciada, que revela conhecimento imperfeito de uma língua, baseada em jargões. (N.T.)
** Thomas Diafoirus, médico pedante e mais preocupado em satisfazer aos caprichos de seu paciente do que em cuidar efetivamente dele na comédia de Molière, *O doente imaginário*. (N.T.)

de formas de expressão plebeias e elevou o hedonismo ao posto de filosofia oficial. Nesse mesmo tempo, em que as máquinas desejantes rodavam a pleno vapor nas discotecas, nas salas de *fitness* e nos grandes ajuntamentos festivos, as cabeças pensantes nostálgicas do sentido e dos valores se dedicavam à hermenêutica e à ética. Ricœur e Levinas encarnavam duas grandes figuras dessa corrente. Do primeiro, nem abri os livros; os do segundo, eu os fechava sem tardar. Tudo o que aprendi deles foi cá e lá, ao acaso, em artigos ou entrevistas dadas a revistas. Eu farejava em sua disciplina interpretativa uma sofisticada devoção, excessiva e estreita. Suas leituras ou releituras de textos filosóficos, teológicos, literários, políticos etc., supostos de levantar o véu que recobria as significações últimas do mundo e da existência, nada mais visavam a não ser defender a alta espiritualidade autoproclamada de sua fé própria, cristã e judaica.

Em matéria de purismo moral, dos dois compadres, Levinas se mostrava o mais virulento — como dão testemunho dois ataques contra Spinoza retomados em *Difficile liberté* [Difícil liberdade]. Quando, em 1956, Ben Gurion quis retirar o *herem** lançado há três séculos contra o autor do *Tratado teológico-político* para dele fazer um "herói laico de Israel", Levinas resistiu: "Há uma traição de Spinoza."

---

* Equivalente à excomunhão. (N.T.)

Essa traição, a seus olhos, não foi tanto por se dedicar a liquidar o dogma da transcendência divina, a fundar uma ética a partir de axiomas racionais e não de fundamentos religiosos, nem mesmo por propor uma exegese histórica da Bíblia, mas, bem pior do que isso, por ter "subordinado a verdade do judaísmo à revelação do Novo Testamento" e, assim, por ter desempenhado um "papel nefasto" na "decomposição da *intelligentsia* judaica". Fora de questão, por conseguinte, reabilitar Spinoza, cujo crime de lesa-verdade em relação à Torá, imprescritível, lhe dava para sempre o infamante estatuto de relapso. O desejo de Levinas de excomungar uma vez mais Spinoza dizia muito sobre a incondicionalidade de seu "humanismo do outro homem". O imperativo exortando a cuidar do Outro antes de si mesmo, aparentemente, autorizava uma exceção. Mas não era somente quando se referia ao "caso Spinoza" que Levinas traía sua agressividade. Qualquer leitor de sua metafísica do rosto do Outro, e da manifestação física da carícia, adivinharia a alergia que lhe inspiravam as relações comuns com os outros, de carne e osso. Os humanos que contam para nós revelam sua singularidade graças aos sinais distintivos de sua alteridade impressos, esculpidos, desenhados no rosto. Uma vez que tenhamos recenseado seus ares de semelhança com outras pessoas, rapidamente classificados na categoria dos "falsos ares", sua identidade individual nos aparece sem a menor imprecisão. Swann expulsa, sem demora, de sua imaginação as reminiscências botticellianas com as quais, no início, envolve a figura de Odete. Os fãs de Elvis só experimentam o sarcasmo para com seus sósias. Uma mãe jamais confunde seus gêmeos. Quanto a Levinas, julgava suspeita tal perspicácia estimulada pelo amor, a amizade, a admiração ou a curiosidade. A hermenêutica aplicada ao rosto lhe causava o efeito não de uma proximidade aberta ao Outro, mas de uma promiscuidade duvidosa. "Quando vê um nariz, os olhos, uma fronte, um queixo, e que pode descrevê-los, você olha para o outro como para um objeto." Eis por que "a melhor maneira de encontrar o outro é de sequer notar a cor de seus olhos". Faz a mesma análise para a carícia, cuja "essência" era, segundo se pode ler, a de, acima de tudo, não ser afetuoso ou, então, correr o risco de profanar aquilo que ela buscava: o intocável no outro. Estranha fenomenologia do encontro e do amor. Quem pode olhar o rosto de seu próximo, se este lhe é caro, em sua "nudez"? Da mesma forma, que amante prodigará à sua amada uma carícia sem o desejo de tocá-la — nos dois sentidos do termo: exercer sobre seu corpo um contato voluptuoso e emocioná-la? Quais são os amantes que deixam de olhar e de acariciar um ao outro — inclusive nas faces, nos lábios, nas sobrancelhas, nos cabelos? Se encontramos, a cada dia, indivíduos cuja fisionomia não nos encanta, nem nos repugna, nem nos intriga, nem nos inspira a menor sensualidade, é porque passam despercebidos aos nossos olhos. Não ter nenhuma consideração pela expressão psíquica de uma mulher, de um homem, de uma criança ou de um idoso, legível em seus traços físicos, só corresponde a uma experiência relacional: aquela, banal, da indiferença em relação a um estranho. E cada um de nós sabe que é precisamente quando uma mulher, um homem, uma criança ou um idoso ostenta anonimamente uma máscara lisa que pode ser muito mais maltratado do que se mostrasse o rosto descoberto. Talvez Levinas não sentisse fisicamente tal pulsão de violência, mas sua ética, que lhe conferia tanta autoridade moral e intelectual, era, em termos freudianos, a sua expressão sublimada — semelhante nisso a qualquer forma de doutrina altruísta. Os outros solicitam minha responsabilidade e minha proteção? Sem dúvida. Mas somente depois de tê-los lançado na vala comum da abstração, para de lá voltarem somente sob a forma de espectros: desfigurados e desencarnados.

9

> "O estado de grande desordem é o estado fundamental de qualquer coisa."
>
> Clément Rosset

Até onde me lembro de discussões políticas com colegas de liceu ou de universidade, engajados à esquerda ou até mesmo à extrema esquerda, estes últimos acabavam sempre por me tachar de "niilista", ou mesmo "niilista pequeno-burguês". Isso ainda acontece quando me deixo levar por esse gênero de trocas com pessoas menos exaltadas, mas não menos desejosas, segundo eles, de "mudar o mundo".

De que delito de opinião recidivista sou eu culpado?

Adolescente, simpatizava com gente mais velha do que eu, revolucionários prontos a lutar contra a ordem estabelecida. Alguns deles passaram à ação quando um de seus camaradas, um jovem manifestante de Barcelona, foi condenado à morte por Franco e silenciado. No quadro de uma investigação por atentado à segurança do Estado, que deu lugar a uma sequência de prisões nos meios libertários, mofei quarenta e oito horas no subsolo da delegacia da rua Casteja, em Bordeaux. Mesmo que não tivesse tido consequências judiciais, essa estadia numa cela bastou para que eu perdesse a candura e acalmasse as veleidades insurgentes. Meu anarquismo, desde então, tornou-se essencialmente literário, e meu ativismo, circunscrito ao meu quarto — de onde, acho, o adjetivo "pequeno-burguês". Deixava aos ardentes partidários da greve selvagem e da autogestão generalizada os catecismos de Proudhon, de Bakunin e de Kropotkine, enquanto me deleitava com obras irregulares envoltas num individualismo aristocrático como as de Georges Darien, Eugène Sue ou, o mais talentoso entre eles, Félix Fénéon.

Mesmo na época desse extremismo juvenil de curta duração, jamais defendi o terrorismo — frequentemente associado ao niilismo. Lembro-me de uma frase lida em *Nada*, romance de Jean-Patrick Manchette,* datado dessa

---

* Autor de romances *noirs* e policiais, conhecido por suas opiniões de extrema esquerda, Manchette escreve aqui sobre um grupo anarquista

época e levado ao cinema por Claude Chabrol. O herói, Buenaventura Diaz, chefe de um pequeno grupo político radical caçado por toda a polícia da França pelo sequestro de um embaixador americano, declara ao microfone de um gravador, agora que a operação foi bem-sucedida e que ele sangra há horas, que o "terrorismo esquerdista e o terrorismo do Estado são as duas mandíbulas de uma mesma armadilha de pegar imbecis" — os "imbecis" visados sendo, no caso, os revoltados como ele. Tal aforismo me parece ainda cercar perfeitamente a questão da escolha pelas armas como modo de expressão e de reivindicação numa democracia.

De fato, o "niilismo" político que deploravam em mim antigamente e pelo qual continuam a me censurar, nada mais era que um aspecto do niilismo mais profundo, "ontológico", dizem os filósofos, que é meu desde a morte de meu pai, quando eu tinha 9 anos. Dado que o termo se presta à confusão, eu o chamarei de *acosmismo* e o definirei não como uma negação doutrinária do mundo — se bem que possa, no caso, me cobrir da autoridade de Heráclito, de Lucrécio, de Montaigne ou de Nietzsche —, mas como a incapacidade de me representar a realidade sob a forma de

---

chamado (em francês) *Nada*, que decide sequestrar o embaixador dos Estados Unidos na França. Roteirizado pelo próprio Manchette, esse romance foi levado com o mesmo título ao cinema por Claude Chabrol em 1973. (N.T.)

um mundo. Seria possível discernir aí o sintoma de "desrealização", tal como a psiquiatria o diagnostica em caso de fortes depressões que flertam com a psicose. Ora, no que me diz respeito, não é o mundo que se "desrealiza", mas a realidade que não se "mundializa" — e que persiste em só me aparecer como realidade. Talvez meu "acosmismo" apresente uma patologia não menos inquietante que a do psicótico, mas, apesar disso, considero a experiência de "não mundialização" ou, em primeiro lugar, de "desmundialização", muito banal: sente-se de imediato que uma referência qualquer, a presença de um ser querido ou de um lugar, desaparece de repente ou bem depressa de sua vida, sendo que imaginávamos esse elemento da realidade inscrito num estado durável e quase eterno. A existência aparece, então, em toda sua insignificância: inconsistente e absurda — em toda sua "niilidade", diria Montaigne. O mesmo se dá com o corpo. Desfrutava-se de um organismo em boa saúde. Tudo, nesse microcosmo, parecia funcionar convenientemente. Mas eis que ele é acidentado, minado por um vírus, devastado por um mal crônico. Os movimentos mostram-se impossíveis ou penosos. A relação com a exterioridade diminui. Viver torna-se uma proeza. O mesmo acontece com a natureza. Sem preocupação com as forças telúricas e os turbilhões atmosféricos, ocupava-se, em sua cidade ou vilarejo, com seu trabalho, com sua vida de família ou círculo de amizades.

Ora, em alguns segundos, as casas, os edifícios, os monumentos são destruídos por um terremoto, arrasados por um furacão, engolidos por um tsunami, soterrados pela lava de um vulcão, submersos pelas águas da chuva diluviana. E o mesmo acontece com o ambiente social, enfim. Em 1940, Hélène Berr tinha 21 anos. Para essa professora-assistente de inglês, grande conhecedora de Shakespeare, tudo corria bem. A marcha dos planetas, o ciclo das estações, o ritmo dos anos escolares seguiam um curso estável e harmonioso. Os ruídos das guerras que explodiam em todo canto na Europa e no mundo mal atravessavam as paredes de seu quarto de jovem parisiense de boa família. As obras de Bach, de Mozart, de Schumann, que ouvia em discos ou que tocava com amigos, cobriam os estrépitos longínquos. A única novidade que perturbava sua quietude tinha os traços de um belo jovem, Jean Morawiecki, amante da música e, como ela, apaixonado por literatura. Depois vieram os nazistas. A Ocupação impôs, inicialmente, o toque de recolher para os prazeres e as noitadas. A violência tornou-se legal, e a delação, um dever. Os pais, os amigos, as relações desapareceram. O amor exilou-se. Em dois anos, a Paris de Hélène deixou de ser o cenário do flerte, o teatro de uma sofisticada cultura, o lugar das perambulações de uma sonhadora solitária, para se transfigurar, a cada dia que passava, num labirinto do medo. Ela adotou a postura da coragem. Seu

Journal [Diário] dá testemunho disso — como também o fazem as mulheres que com ela compartilharam o cativeiro e emprestaram de sua "vitalidade" e de sua "classe natural" a força para sobreviver. Quanto a Hélène, morreu em Bergen-Belsen, em 1945, espancada por uma guardiã, poucos dias antes da libertação do campo. Sua vida, inicialmente cheia de risos e de música, finda cheia de estrépitos e de furor.

Quando, então, a realidade familiar muda bruscamente de tom; quando o "artifício" que parece moldá-la, como uma providência, é quebrado; quando o corpo afrouxa, os elementos se conturbam e os outros se mostram hostis e se embriagam de matança, dizemos, então, que "o mundo desmorona" — descobrindo que isso que desmorona não constituía um mundo, nem fazia parte de um mundo. O que desmorona nada mais é do que a ilusão "cósmica" por meio da qual representávamos a natureza das coisas. Damo-nos conta de que não se tratava de aí não haver nada, mas que aquilo que havia não era *nada de pensável como mundo*. Pois um mundo, aquilo que os gregos chamavam de *kosmos* e que os romanos traduziram como *mundus*, supõe uma ordem, uma arquitetura, uma harmonia e, portanto, uma regularidade, uma estabilidade, uma consistência de tal modo que todo esse ordenamento responderia ao desejo de uma finalidade: o mundo aí estaria para os humanos. Ora, a experiência dolorosa da perda revela uma verdade cruel: a vida humana é só um fenômeno entre outros destinado ao acaso e à morte, ou seja, ao *khaos* — noção comum aos gregos e aos romanos, e que Virgílio definia, numa ótica mitológica e com a finalidade de proclamar a definitiva e feliz desaparição, como o "estado de confusão dos elementos que precederam a organização do cosmos". Tudo se passa como se, ao perder um filho, um amor, um amigo, o trabalho, a saúde, a terra etc., fôssemos arrancados da quimérica organização do mundo, no seio do qual imaginávamos levar uma existência sensata e digna de humanidade, e lançados na confusão original — exceto que jamais houve outra realidade se não esse não mundo. Do estupor da perda se desliza para a vertigem da perdição. Tanto em si como fora de si se fica perdido, à deriva e à beira da ruína.

Niilista, não diria que estou convencido de que tudo é só acaso e morte, mas que tenho sobre o assunto essa nítida impressão — a diferença entre uma convicção e uma nítida impressão é que nada de preciso caracteriza uma convicção e, sobretudo, que é essa vagueza mesma que a torna convincente. Em vez de se satisfazer com um saber sólido, que se imprimiria em seu espírito de modo claro e distinto, o homem de convicção espera um sentido e, por falta de obtê-lo, decide imaginá-lo e demonstrar obstinadamente sua pertinência. Assim procedem os "teleologistas" de todas as espécies que atribuem um sentido à história, à natureza, ao universo e que, para conferir uma legitimidade científica às suas extravagâncias, obtêm informações, cá e lá, entre os historiadores, os biólogos e os astrofísicos. Abstenho-me cuidadosamente disso. Não dou ao meu saber unicamente o caráter de conhecimento empírico — a partir da experiência da perda —, mas o defino também como conhecimento objetivo. Assim como Pascal afirma que é "pelo coração" que se tem a noção do espaço e de suas três dimensões, do decorrer do tempo, dos números e de sua quantidade ilimitada, também é por esse idêntico "instinto" infalível que apreendo com evidência o acaso e a morte como "princípios" da insignificância de tudo. Nada de menos racional ou racionalista do que meu pensamento. Dado que é "pelo coração" que vejo a realidade como o conjunto infinito e caótico das coisas e dos seres que aparecem e, mais ou menos rapidamente, desaparecem, por que eu me daria o trabalho de *demonstrar* que sua passagem não responde a nenhuma necessidade — exceto ao acaso —, como também a nenhuma finalidade — exceto à morte? Nisso reside, aos olhos de alguns filósofos, meu "terrorismo": na negação injustificada, simplesmente em nome do coração, da ideia de mundo e, fator agravante, em meu silêncio que a segue — percebido como recusa, de minha parte, de substituí-la por outra ideia de mundo ou pela ideia de outro mundo. Negar o mundo ainda passa, mas não conceber nenhuma versão substitutiva é intolerável para eles. Há, segundo eles, negação e negação. Por exemplo, marcando de nulidade o "mundo sensível" para melhor afirmar a plenitude do "mundo inteligível", Platão dá mostras de um niilismo ontologicamente correto. Além disso, a morte que, para ele, só afeta o corpo, salva do acaso. Livre desse montículo de matéria carnal submetida às incertezas do devir, a alma, de natureza inteligível, retorna às calmas horas da eternidade. Afirmando que não há outra realidade senão a do "mundo sensível", sem além, meu erro, no fundo, é defender um platonismo ontologicamente incorreto — etiqueta que quero muito endossar visto que não reprimo nem desprezo, como recomenda Platão, minhas inclinações para o "sensível" ou pelos "bens perecíveis", como dizem outros filósofos afetados. Meu coração não é indiferente. O que é insignificante do ponto de vista do ser não tem nenhum valor para mim. Nada me parece ser mais cruel — se ela não fosse vã — do que uma sabedoria exortando à indiferença dos seres e das coisas que não têm nenhuma razão de existir e que estão prometidos ao aniquilamento. Ao contrário, jamais deixo de fazer apelo respectivamente ao seu amor e ao seu gozo, ainda que ao preço de uma devastadora melancolia.

A que caminhos políticos tal niilismo poderia me conduzir? Sensível ao caos que o acaso e a morte semeiam em qualquer coisa, inclusive na realidade social, ignoro o que é uma ordem justa ou injusta, exceto, para retomar a fórmula de

Marcel Conche, um caso particular e transitório de desordem à qual se adere ou contra a qual se insurge em função de seus interesses e das paixões violentas que lhe fazem a corte para defendê-los. Numa sociedade, um partido que se dedica por todos os meios para manter o poder declara defender a justiça de sua ordem, enquanto o partido que trabalha, também por todos os meios, para derrubá-lo, denuncia a injustiça, gerando, assim, um antagonismo violento de gesticulações e de ideologias que perpetua a desordem. A esse respeito, Maquiavel observara que os homens gostam de "mudar de soberanos, esperando, a cada vez, encontrar um melhor", mas raramente calculavam bem ao tomar as armas contra o senhor do momento: mal o haviam abatido e levado outro ao poder e já se desencantavam, "percebendo que haviam trocado um cavalo vesgo por outro cavalo, cego". Para além dessa observação, que a história não contradisse suficientemente para que eu não a leia como um convite a uma oportuna neutralidade, penso que *O príncipe* diz tudo sobre o que convém pensar a respeito de uma ordem justa. Uma ordem jamais parece ser justa a um povo por motivos morais, mas somente se um príncipe consegue edificar duravelmente seu poder numa realidade em que nada dura e em que o acaso, "a fortuna", diz Maquiavel, governa o curso dos acontecimentos. Acostumado, desde então, a viver mediocremente sob essa contínua autoridade, o povo acaba por encontrar, de bom ou de mau grado, seu benefício, e por apreciar seu príncipe, ou mesmo por amá-lo, apesar do temor que este jamais esquece de suscitar e de manter. É usando, com virtuosismo, diversos estratagemas, indo da coerção à mentira e passando pela generosidade, que ele se tornará senhor do Tempo e, por conseguinte, dos homens, e fará acreditar que é o artesão de um mundo feliz. Assim se define seu reino: uma situação de dominação conquistada por uma chance que soube usar com proveito e que, aliando a força do leão à esperteza da raposa, ele se aplicará a perpetuar de tal modo que, *com o tempo*, ela se revelará ao povo como uma ordem necessária que jamais deve acabar. Mas assim também se definem os governos modernos, em que se diz que o povo e o príncipe são um só. Liberal ou social-democrata, uma democracia é uma ordem capaz de manter o maior tempo possível a ilusão de uma legitimidade por meio da perenidade de suas instituições jurídicas, assim como de seus modos de gestão econômica, de seus costumes, de seus valores e que, dessa forma, qualifica de contranatureza qualquer outra forma de regime, e de aberração histórica qualquer questionamento sobre sua existência — sobretudo se seus ideólogos insistem que ela contém nas engrenagens o providencial dinamismo do "progresso". Entretanto, diria ainda Maquiavel, monarquia ou república, uma ordem perene não quer dizer eterna. Enquanto os humanistas renascentistas italianos elaboraram uma idealização da antiga civilização romana, o Florentino estabeleceu a autópsia. A seus olhos, a grandeza de Roma foi agonizar com vivacidade durante longas décadas e ter sabido retomar sua predominância a cada uma de suas atribulações para se mostrar superior aos inimigos. Contudo, mais temível que uma guerra visceral, uma campanha militar contra os bárbaros fora das fronteiras ou uma série de catástrofes naturais caídas do céu ou surgindo sobre a terra, o mal ao qual ela não pôde resistir foi à mudança de religião e de cultura consecutivas ao lento e insidioso trabalho de infiltração e de solapamento da seita cristã. Foi assim que, construída sobre os vestígios fragmentados da nação etrusca, a grande metrópole antiga mescla no presente suas ruínas à poeira das estrelas. Acosmismo político de Maquiavel: a história é o conflito ininterrupto de forças, de facções, de clãs, de famílias, de castas e de classes que, todas, buscam impor a supremacia de sua ordem civilizadora ao restante dos humanos. Se, qualquer que seja a forma estatal, uma organização social fracassa, cedo ou tarde, em se manter para constituir um mundo, é em razão do desregulamento íntimo das paixões que anima os indivíduos e das dissensões internas a cada um dos campos em luta, caos em perfeito acordo com a desordem universal. "Todos os autores que trataram de política [...] concordam em dizer que alguém que deseja fundar um Estado [...] deve supor que os homens são violentos e sempre prontos a manifestar essa violência todas as vezes que tiverem a ocasião de fazê-lo. Se essa tendência viciosa não aparece de imediato, é preciso atribuir o fato a alguma razão misteriosa e pensar que ela não teve a ocasião de se mostrar; mas o tempo que, como diz o adágio, é o parteiro da verdade,* a exporá sem tardar." Relendo Maquiavel, dou-me conta de que permaneci anarquista. Por pouco meus amigos ou inimigos de esquerda terão compreendido que, para mim, a anarquia não é uma opção ideológica nem um ideal a ser atingido, mas uma utopia alternativa à forma de desordem social que eles combatem. Ela me aparece como a própria realidade do político. A mãe e a rainha das sociedades, das nações, dos impérios, diria o sábio de Éfeso. O suficiente para me empurrar ao fanatismo da inação.

---

* Referência a Sócrates, cuja mãe era parteira, e ao que ele dizia da maiêutica, inspirado na profissão materna: uma auxiliar no *parto dos espíritos*, para que deles nasçam os conhecimentos acumulados quando a alma, livre do corpo (soma/sema, o túmulo), pode contemplar as Ideias, as essências. A maiêutica permite, assim, a expressão de um saber *oculto em si*, "des-velado" na parte divina da alma (*noûs*). (N.T.)

10

"O amor é a tentativa de permutar duas solidões."

José Ortega y Gasset

Solteiro há alguns meses, carregava em meus traços a miséria sentimental. Contudo, hoje, milagre: encontrei uma mulher cujo olhar insistente, sorridente, cordial pousou em meu rosto. Onde e quando poderia reencontrar essa fada que, num instante, me fez existir? Enquanto espero, penso nela. Se essa passante me notou no meio da massa indiferenciada, foi certamente graças a uma sensibilidade fora do comum. Aliás, não me engano. Por mais breve que tenha sido nossa troca de olhares, tive o tempo de apreender nela um não sei quê que manifesta uma sutil humanidade. Tudo me leva a crer que essa desconhecida sofre, como eu, de solidão e que, percebendo-me, soube reconhecer uma alma irmã.

Assim nasce o amor, segundo Lucrécio: de um desejo infeliz mistificado e aguçado por uma imaginação que enfeita seu objeto de todas as perfeições — encantamento e ênfase fantasmáticos que Stendhal designará sob o termo "cristalização".

Por muitos prismas, tal análise continua a ser inevitável. Todavia, a refutação tentada por Ortega y Gasset em "O amor em Stendhal", texto breve e denso, parece-me interessante por, frequentemente, atingir o alvo.

Se Stendhal sustenta que um homem tem necessidade de imaginar qualidades numa mulher para amá-la, isso é o mesmo que admitir, aponta Ortega, que o amor se afirma como desejo de se ligar a uma forma de excelência. Sem dúvida, um homem só acha uma mulher bela porque a deseja, mas também, sem dúvida, ele só a deseja por achá-la bela. Para reforçar essa observação, eu diria que, mesmo sozinho, o apetite sexual visa, também, a certa qualidade, como pode ser visto na preferência que muitos clientes de bordéis manifestam por suas garotas habituais, reclamando-as com exclusividade, não tanto por mania, mas por preocupação de encontrar uma "qualidade" profissional. Eu diria, ainda, que não é preciso que um homem atravesse um mau período em sua vida amorosa, no sentido amplo, para se apaixonar por uma mulher. Tudo pode ir muito bem, para ele, nos campos do sexo e do coração e, apesar disso, tudo pode virar de cabeça para baixo naquilo que Ortega chama de *enamoramiento* — palavra cujas expressões francesas *tomber amoureux* [literalmente, "cair amoroso", apaixonar-se] e *s'énamourer* [enamorar-se] traduzem vagamente o sentido por não sugerir a dimensão perturbadora do fenômeno e a celeridade de seu desencadeamento.

O *enamoramiento* é um acidente psíquico. Numa companhia feminina familiar, o homem classifica, *grosso modo*, suas amigas, camaradas e colegas — com algumas pequenas nuanças diferenciais — numa mesma linha, a uma igual distância "atencional". No entanto, eis que um dia seu olhar é tirado de sua rotina sensorial. A linha perturba-se e rompe-se. Sua atenção, diz Ortega, detém-se por si mesma numa mulher: "de repente lhe é preciso fazer um esforço para afastá-la dos pensamentos, para deslocar seu interesse sobre outras coisas." Contudo, o mal está feito. À noite, no dia seguinte e no outro também, ela ocupará cada vez mais seu espírito. Em breve, ele não concebera mais passar um dia sequer sem vê-la. Sem prejulgar o que poderia ser um encontro mais íntimo a fim de conhecê-la melhor — uma taça de vinho, um jantar, um passeio —, a primeira impressão que terá tido dessa mulher é determinante: ele percebeu nela sua singularidade. Se cativou seu olhar e retém doravante sua atenção, é porque há um traço marcante próprio graças ao qual ela se destaca da multidão feminina — traço que o encanta, decerto, mas que ele não inventou. Começando sempre por uma surpresa diante de uma forma inédita de feminilidade, o *enamoramiento* escapa à suspeição da miragem — mesmo que, evocando tal experiência, um homem se perturbe ao falar da amada, tal como Antoine Doinel (Jean-Pierre Léaud) em *Beijos proibidos* (1968), filme de François Truffaut, que exclama ao ver pela primeira vez a senhora Fabienne Tabard (Delphine Seyrig): "Ela não é uma mulher, é uma aparição!"

Por que a atenção de um homem recai sobre uma mulher em particular? Em outro ensaio, intitulado *De l'expréssion, phénomène cosmique*,* Ortega desenvolve a ideia segundo a qual todo eu se dá ao olhar dos outros eu como uma totalidade viva, uma unidade físico-psíquica, em suma, como uma pessoa. Uma alma só, sem corpo, é uma irrealidade. Não é ninguém. Um corpo sem alma é só um cadáver. Não é mais ninguém. Ora, uma pessoa é uma intimidade espiritual que

---

* *Da expressão, fenômeno cósmico*. Sem tradução para o português. (N.T.)

se expressa por meio de um corpo. Essa intimidade, qualquer que seja a maneira pela qual a designemos — o eu, por exemplo, ou a alma —, é não espacial. "A partir de então", escreve Ortega, "lhe é preciso, para se manifestar, recobrir-se de matéria, transpor-se ou traduzir-se em figuras espaciais. Todo fenômeno expressivo implica, então, uma metáfora essencial. O gesto [...] é a pantomima do eu. O ser humano exterior é o ator da pessoa interior." Assim, todos os outros eu são metáforas carnais. Todos os outros: *los otros*; mas também, e sobretudo, todas as outras: *las otras*. Exceto que, entre todas as atrizes da comédia social em que cada uma desempenha o próprio papel, somente algumas expressam seu eu com talento, deixam as outras na sombra e suscitam, a partir de então, nos homens que as cercam, o *enamoramiento*.

Mesmo que tenham nisso uma grande parte, é claro, as graças físicas de uma mulher não bastam para determinar a eleição sentimental. Os charmes não fazem o charme, as maneiras sedutoras não promovem o encantamento. A alegria, também não. Nada há de amável, no sentido forte do termo, numa mulher cheia de vivacidade, de bom humor, que ri por isso e por aquilo, e deseja fazer rir. "Não acho que a alegria não possa se associar à beleza", observara Baudelaire, "mas digo que é seu ornamento mais vulgar." Um belo rosto de mulher sugere "a voluptuosidade e a tristeza", "o mistério e o lamento", uma melancolia que faz sonhar. Ele encarna um estilo de solidão: uma personalidade.

Se o *enamoramiento* começa pela surpresa e pela captura de um olhar, supõe, entretanto, uma perspicácia por parte daquele que é surpreendido. A *otra* aparece como uma metáfora carnal, mas, diz Ortega, "a carne é hieroglífica". E não é qualquer um que pode ser o exegeta desse pensamento. É preciso, ainda, ser dotado de uma curiosidade sensata. O encontro amoroso, fato raro, é uma experiência estética e psicológica delicada. Muitos homens permanecem cegos à personalidade de algumas mulheres. Sensíveis unicamente às belas garotas, esperam que essas sedutoras mantenham, segundo as palavras de Milan Kundera, sua "promessa de coito". No mundo masculino, somente um pequeno número de indivíduos se mostra capaz dessa arte singular, que consiste primeiramente em notar e depois em olhar uma mulher com a visão preparada e advertida do pintor — "as pálpebras em três quartos fechadas e que parecem impedir o olhar", mas que, na realidade, "comprimida pela fenda que elas entreabrem, se lança como uma flecha afiada". Quem possui tal visão, possui um tesouro, ensina Ortega, pois se trata mesmo de um instrumento de óptica cirúrgica para explorar a interioridade do eu feminino. Conhecedor da expressividade feminina, o amante raramente se engana sobre a aparência da *outra* — sobretudo se for um praticante do *flirt*. Ridicularizado pelos "paqueradores" como uma dança de acasalamento pudica, o flerte não se reduz a uma estratégia de sedução, nem a uma galanteria rebuscada. Nenhum homem impõe a uma mulher que flerte com ele. Ele a convida a fazê-lo. Se ela aceita, então os dois, como num tango ou numa valsa, se entregam aos passos, a um ritmo, a figuras. Nesse face a face, é o homem que conduz a dança, guia sua dama e a leva, com suavidade e destreza, a se desvelar ainda mais. Bem-efetuado, o flerte é uma maiêutica. Uma mulher que assim se revela se subtrai como por encantamento de suas múltiplas representações sociais — jovem, madura, casada, rica, pobre etc. — e se apresenta como a própria feminilidade. (Hegel diria: como a manifestação sensível da ideia de mulher.) Se, então, Stendhal pudesse trazer sua contribuição à fenomenologia do *enamoramiento*, não seria para legitimar sua teoria da cristalização, mas para validar a descrição dessa perturbação mental chamada, aliás, de "síndrome de Stendhal", espécie de vertigem mesclada de prazer diante do espetáculo de uma obra de arte. Não há um só homem de sensibilidade um pouco artística que não sucumba a esse voluptuoso mal-estar quando encontra uma mulher cuja personalidade, tal como uma tela ou uma escultura de mestre, se anuncia como um convite à mudança de ares, a uma troca de horizontes. Se o homem for realmente um artista, irá colocá-la em sua obra, a título de musa ou de modelo, como para alojá-la em seu lugar original e fazer disso uma forma do tempo. "Amar uma mulher", diz Ortega, "é engajar-se em fazê-la existir, não admitir a possibilidade de um mundo do qual ela estaria ausente."

Os stendhalianos objetarão a essa teoria orteguiana do *enamoramiento* o exemplo do fracasso amoroso de Charles Swann, caso típico de cristalização afetando a consciência de um homem que, apesar disso, é um fino conhecedor em matéria de arte. Contudo, o drama de Swann é de misturar dois campos, o do amor e o do amor pela pintura. Tendo o imaginário saturado de referências pictóricas — como era também o caso de Stendhal —, ele não vê as mulheres a não ser por meio das representações estéticas, e só se interessa por aquelas que se parecem com figuras pertencentes a obras-primas. Assim, não é tanto Odete na qualidade de pessoa real que suscita sua atenção. Se ele se entusiasma por tal garota frívola, é porque é vítima de uma reminiscência estética. O rosto de Odete lhe aparece como o reflexo vivo ou a imagem sensível, diria Platão, de um arquétipo: a *Zéfora** de Boticcelli. Se tivesse sido menos esteta e mais apreciador da personalidade feminina, não declararia amargamente, no fim de sua aventura: "E dizer que desperdicei anos de minha vida, que desejei morrer, que senti meu mais profundo amor por uma mulher que não me agradava, que nem sequer fazia meu gênero!"

---

* Afresco da Capela Sistina. (N.T.)

Espíritos fortes, cínicos e outros libertinos deplorarão o caráter assexuado e zombarão da concepção de amor do filósofo madrilenho. Dissertar sobre as mulheres, sobre sua personalidade, sobre seu rosto, sem jamais evocar o apetite por seu corpo nem louvar o prazer experimentado em se deitar com elas... Erotismo prolixo de um sério e tedioso velhote universitário! Os schopenhauerianos lançarão mão de sarcasmos. Ignorar ou negligenciar as artimanhas da sedução feminina com o único interesse da reprodução da espécie... Ingenuidade de mocinha! Os doutores do Inconsciente interrogarão com um ar entendido. Apaixonar-se? Não é esse desejo sádico de faltar ao outro? Contra esse sarcasmo Ortega objetaria, por entre as espirais de fumaça saídas de sua piteira, um sorriso indulgente, por perceber nisso a tradução de um incômodo de *señoritos chulos*, de pequenos machos pretensiosos, amedrontados pelo sentimento amoroso. Porque amar continua sendo a mais inquietante das relações entre humanos. À euforia do encontro de duas solidões que se esforçam para coexistir se mesclam muito rapidamente a sensação da corrosão do tempo que passa, a angústia da separação, a certeza da perda. Pode-se compreender que, diante da perspectiva de se expor a tais sofrimentos, seja mais simples, mais seguro, mais pequeno-burguês se entregar à rotina da intemperança ou à proeza do casamento. O amor é a forma mais extraordinária do desconforto de viver.

Impresso no Brasil pelo
Sistema Cameron da Divisão Gráfica da
DISTRIBUIDORA RECORD DE SERVIÇOS DE IMPRENSA S.A.
Rua Argentina 171 – Rio de Janeiro, RJ – 20921-380 – Tel.: 2585-2000